明治図書

高等学校 進路多様校の
学級経営&生徒指導
はじめてガイド

中村俊佑 [著]

まえがき

　本書のタイトルにある「進路多様校」とは「教育困難校」や「底辺校」と呼ばれることもあります。私自身は後者のような表現には違和感を覚えていますが，現実は多様な背景を抱えた生徒が多数在籍しており，かなり厳しい状況があります。高校は特に偏差値で生徒層が輪切りにされるため，こうした学校に入学するのは「落ちこぼれ」「問題児」というレッテルを貼られ，親や先生からは見放され十分に指導をされてこなかった生徒たちです。

　進路多様校では，若手の先生が多い現状にあり，これまでの自身の人生では出会わなかった生徒たちを目の前にノウハウがないまま学級経営をしなければならない状況にあります。蓄積してきた経験は通用しない世界で，指導慣れしているベテラン層もあまりいないので，先生方が自己流で取り組み，苦労している姿を何度も目にしてきました。本書は私のこれまでの教育実践から見えてきた取り組みを紹介するとともに，こうした学校で初めて担任を受け持つ先生の一助となればという想いで執筆したものです。

　私自身は前任校で初任の時から通算９年間連続で，進路多様校での担任を経験してきました。初任校では，「想い」はあっても，それが生徒に伝わらず空回りの日々でしたが，心から尊敬できる先輩の先生方のサポートがあり，クラス替えのない３年間を乗り切ることができました。その経験を異動先の担任経験でも活かし，進路多様校における学級経営の在り方を自分なりに構築することができたと考えています。

　どんなに大変なことがあっても続けてきたものが，毎週発行してきた「学級通信」です。タイトルはクラス替えがある度に変え，Memory Vo.1〜Vo.3（2015〜2018，通算143号），If there is a way, there is a will（2018〜2019，通算36号），GRIT Vo.1〜2（2018〜2020，通算67号），Milestone（2021〜2022，通算32号），LINK Vol.1〜Vol.2（2022〜2024，通算71号）のＡ４両面で伝え，通算で700頁ほどとなりました。その時々で私がクラスで感じたエ

ピソードや伝えたい想いを素直に表現してきたつもりです。

「学級通信」は，私が教員を目指したきっかけである小学校1～2年生の際の担任の先生が，人間関係で度々トラブルになっていた私に寄り添いながら，毎週発行してくださったものが原点になっています。その先生は毎回生徒の作文で良かったものを取り上げ，手書きで作成していました。私にとってその学級通信を読むことが毎週の楽しみでした。そして，教員になり担任を持ったら自分も必ず学級通信を発行しようと思っていました。

今回，大学院時代の恩師であり，最も尊敬している慶應義塾大学名誉教授の田中茂範先生が明治図書の大江文武さんを紹介してくださり，本書の企画が実現しました。田中先生には英語教育，探究学習等で教師になった今でも多くの学びの機会を頂き，先生のオフィスに時々伺った際に，私の教育実践のお話をさせて頂いています。当初は英語教育の実践に関する著書を構想していましたが，大江さんとディスカッションを重ねていく中で，私が少し話題に出した進路多様校での学級経営に大江さんが関心を寄せてくださりました。思わぬ形で「学級経営論」というこれまでに取り組んだことのない分野での執筆となりました。9年間の担任経験および学級通信については，本校の同僚にも様々伝えていく中で，実践をまとめて欲しいという声もありました。私自身もこれまで書き溜めた学級通信等を元に，実践をまとめたいという想いはありましたので，こうしたご縁で出版の機会を頂けたことに感謝をしております。

本書は教室で想定される様々な場面での対応のポイント等が示されています。様々な諸先輩方のお知恵やご経験，書籍等から学びながら，私自身が試行錯誤して実践してきたものです。生徒対応に正解はありません。本書の内容をそのまま実践してもうまくいかないことも多々あるかと思います。しかし，少しでも本書が未来の教育を担う皆様のお力となれたら幸甚です。

2024年12月

中村　俊佑

Contents

まえがき　3

進路多様校の現実

01　進路多様校とは？　10

02　進路多様校の教員に求められる指導は？　12

03　授業が成り立つのかどうか不安なときは？　14

04　問題行動抑止のための登下校時・授業時間内でのポイントは？　16

３年間の学級経営

05　高１担任が決まったらまず考えたいことは？　18

06　どの時期に何をすればよい？　20

07　クラス替え＆クラス決めで注意すべきことは？　26

08　担任の１日の仕事内容とは？　28

ホームルーム

09　毎日のSHRで意識することは？　32

10　生徒主体のLHR運営とは？　34

11　生徒の顔にあざがあると気づいたら？　36

12　生徒たちが席替えをしたがるときは？　38

生徒とのコミュニケーション

13　生徒の様子はどう見ればいい？　40

14　日直の仕事とは？　42

環境整備

15 生徒の登校前に行っておくことは？　44

16 校内巡回のポイントは？　46

17 清掃指導のポイントは？　48

18 気がつくと，教室・廊下がゴミだらけになるときは？　50

学年内での役割分担・学年の仕事

19 学年内での仕事の役割分担は？　52

20 学年と分掌の連携は？　54

21 修学旅行の下見は何を見ればいい？　56

22 委員会・クラスの係を決めるときは？　58

小・中学校内容の学び直し

23 プライドを尊重しつつ，基礎を丁寧に教えるには？　60

24 学び合う雰囲気を作るには？　62

授業

25 生徒が教室で学ぶ環境づくりとは？　64

26 どうやったら生徒が寝たり，騒いだりせずに授業に取り組む？　66

27 タスク中心の授業にするためには？　68

28 タスク中心の多様な評価のあり方とは？　70

定期考査

29 定期考査の作成のポイントは？　78

30 生徒が点数を取れるようにするためには？　80

学校行事

31 行事が盛り上がらないときは？　82

32 生徒の「成長」を可視化するための「振り返り」とは？　86

課外活動

33 何のための校外学習？　88

34 校外学習での注意点と事後指導は？　90

生徒指導（日々の指導）

35 生活指導は何のためにある？　92

36 日常的な生活指導とは？（集会指導など）　94

37 生徒が服装を正さないときは？　96

38 盗難が多発するときは？　98

生徒指導（特別な指導）

39 「特別指導」と「日常的な生活指導」の違いとは？　100

40 特別指導の申し渡しと保護者への説明をどうする？　102

41 特別指導中の指導のポイントは？　104

42 生徒が言うことを聞かないときは？　106

43 いじめ事案が発生したときは？　110

進路指導（進学）

44 3年間を見据えた体系的な進路指導とは？　112

45 長所や体験を言語化するトレーニングとは？　118

46 生徒のアピールポイントを増やすには？　120

47 志望理由書・面接のポイントは？　122

48 保護者に進路に関する知識がないときは？　124

49 保護者に伝えておきたいことは？　126

進路指導（就職）

50 高卒就職の流れとは？　128

51 履歴書＆面接指導のコツとは？　136

52 生徒の進路がなかなか決まらないときは？　140

53 決めた進路を継続できる生徒を育成するには？　142

保護者対応・懇談会

54 保護者との信頼関係づくりのポイントは？　144

55 保護者会・懇談会の運営はどうする？　146

56 保護者への電話がつながらないときは？　148

部活動

57 放課後の居場所づくりとしての部活動のあり方とは？　150

58 生徒が大人や地域・企業とつながってホンモノ経験をするためには？　152

59 「面倒くさい」ことが嫌いで，「ラクしたい」生徒たちには？　154

60 「厳しさ」と「優しさ」のバランスはどうすればいい？　156

地域との協働

61 進路を意識した地域探究活動とは？　158

62 地域と連携した探究活動を運営するためには？　160

63 地域の協力をどのように仰ぐ？　162

64 生徒が探究活動に本気にならないときは？　164

外部機関との連携

65 SC・SSW・心理士と連携するには？　166

66 NPOと連携するには？　168

修了式・卒業式

67 式の後のホームルームでやることは？　170

68 卒業式の準備はどうする？　174

69 卒業式に間に合わなかった生徒には？　178

付録　学級通信文例集

生徒の良いところを紹介しよう　180

実例１　新年度当初・クラス目標　181

実例２　年度終わり・１年間の振り返り　182

実例３　行事前の準備・クラスの様子と課題　183

実例４　行事後（合唱祭）の振り返り　184

実例５　卒業式前後　185

実例６　生徒の作文紹介　186

あとがき　187

参考文献　189

進路多様校の現実

01 進路多様校とは？

・赴任する学校が「進路多様校」と聞いて不安に感じています。実際に、どんな生徒が在籍していて、どんな課題があり、どんなことに気を付けたらよいのでしょうか？

・1人で抱え込まず、同僚と協力して皆で指導しましょう。
・生徒は何かしらの支援を必要としています。まずは生徒への声掛けから始めましょう。

様々な背景を抱えた生徒が多数在籍する学校

　「進路多様校」という言葉は、「底辺校」「教育困難校」という差別的な呼称を少し和らげたものと言えます。偏差値的には40台前後の全日制・定時制・通信制の学校の状況を示すものであることが多いです。「進路多様校」という名の通り、卒業後の進路は様々です。進学といっても、大学・短大進学が一部、その他が専門学校や大学校です。就職では、地元企業を中心に、製造・販売が大半で事務職や公務員が一部になります。半年～2年ほどの職業訓練を経て、就職につなげる「職業能力開発訓練校」という学校に進学する生徒もいます。進路が未決定のまま卒業してしまう生徒も少なくありません。自分の進路や生きることに希望を見出せず、長期的な展望を持って進路を考えられない生徒もいます。そんな生徒にはまずは、目標を細かく設定して、「進級」「卒業」を目指して頑張らせるというパターンもあります。

「高校くらいは…」ととりあえず進学させてしまう学校

　進路多様校では、倍率が出ていない学校も多く、義務教育段階の学習内容の半分以上が理解できていない生徒が多数入学してきます。義務教育でない

とは言え，中学校の先生も保護者も，高校進学率98％以上の現代を生き抜くには，「高校くらいは…」という意識で入学させてきます。生徒側からすれば，行きたくもない学校に押し込められ，動機付けも低いまま高校での学習がスタートしてしまい，様々なトラブルが発生します。

進路多様校の困難な現実

　進路多様校では，様々な背景を持った生徒が多数入学してきます。まずは，「支援が必要のない生徒はいない」という視点で１人１人の生徒に目を配る必要があります。目に見えるヤンチャな子は目立つのでそちらに目を向けられがちですが，おとなしい生徒でも１人で解決できない課題を抱え，自分では助けを求められないという実態があります。ここで，進路多様校での生徒の課題を以下の３点にまとめておきます。

---

(1)学習障害・発達障害等の課題を抱えており，「やらない」ではなく，「できない」こともあるという視点が重要

(2)問題行動の背景には，(1)が関わっていたり，家庭環境が大きく影響していたりする

(3)おとなしめの生徒もコミュニケーション上の課題があり，自分では解決できない悩みを抱えており，支援を必要としている

　こうした生徒が多数在籍する進路多様校では，授業を成り立たせることだけでなく，学校生活・行事・課外活動・部活動等，様々な場面で「滞りなく」事態が進行していくことはまずありません。教師は日々，生徒の問題行動や課題に追われています。しかし，問題事象だけに捉われることなく，その問題の背景となっている生徒の困り感やメッセージに早めに気づき，支援を入れることが必要です。これは，教師１人のマンパワーで乗り越えられるものではありません。学校が一丸となって，１人１人の生徒の特性に寄り添い，全員体制での生徒指導，外部機関と連携した指導が重要になってきます。

> 進路多様校の現実

02 進路多様校の教員に求められる指導は？

・高1の1学期が終わりましたが，授業に出られない生徒がいて，進級が厳しそうです。そうした生徒にはどのように対応したらよいでしょうか？

・欠時の上限を超えそうな生徒には本人・保護者に連絡をして，転学等の選択肢も提示した上で，本人を全力で支援していきたいという気持ちを伝えるようにしましょう。

長続きしない生徒たち

　進路多様校では，毎日の授業がなかなか大変です。集団での一斉授業についていくのが難しいのです。教室にいても，あまり注意をしない，黒板の近くで授業する先生の教室では，生徒は勝手に席を変えて，机を丸くして向き合い，菓子などの飲食物を広げ，私語・スマホ・化粧に勤しんでいます。一方で，厳しい先生の場合は，教室にいられなくなります。授業中のトイレ退出，授業に出ずに校舎内を徘徊する，校舎のトイレや立ち入り禁止区域の屋上への階段，部室棟等で喫煙等を行っていることもあります。保健室は多くの生徒の溜まり場となっていますが，保健室の先生に追い出されると，居場所がなくなり，トイレに籠ってしまいます。トイレ内でリストカット等の自傷行為を行ってしまう女子生徒もいて，巡回は必須です。中にはコンビニに行ったり，勝手に帰ったりしてしまう生徒もいて，手を焼きます。授業を無断で抜け出すことを「中抜け」と言って，先生方は指導しますが，なかなか改善されません。高校では，授業に出ないと欠時扱いとなり，上限を超えると未履修となり，進級・卒業に関わります。1学期の時点で既に未履修になりそうな生徒が多数いるのが現実です。

進路変更という選択肢

　1年の1学期の時点で単位取得および欠時が厳しい生徒には，三者面談をした上で，進路変更という選択肢を提示することがあります。特に，転学等は時期が限られ，履修科目との関係で早めの対応が良い場合もあります。

◆**転学**…高校に在学している生徒が，引き続き他の高校の相当学年に学籍が移動すること。公立学校の場合，学期ごとに実施しているケースが多く，転学のタイミングが限られるので要注意です。

◆**転籍**…高校に在学している生徒が，学校内で学籍が移動すること。例えば，全定併置校の場合，全日制から定時制に移動する場合等があります。

◆**編入学**…その学校に在籍していなかった生徒が第1学年の中途または第2学年以上の学年に入学すること。在籍校を一度退学して，改めて入学を希望する生徒が対象。全日制で1年間取り組み，単位を取得して，2学年相当以上の他の通信制等に行く場合等が対象となります。保護者の転勤等による転住者や外国からの帰国者等も対象となります。

◆**退学**…生徒が在学中に修了・卒業を待たずに学校を途中で辞めること。

生徒の人生の選択に寄り添う指導を

　担任として，その生徒にとっての一番の幸せを考えて寄り添い，様々な選択肢を伝えましょう。その際，「担任としては，〇〇を進級・卒業させたい」という強い想いを伝えた上で，今後の見通しと本人の気持ちを聴いてください。保護者も中卒で「高卒資格は取って欲しい」という声を多く聞きました。本人の状態を見ての判断となりますが，本人の気持ちが切れていなければ，担任が寄り添い，各教科担当の理解も求め，進級・卒業を支援していきましょう。何としても「退学」だけは避けなくてはなりません。中卒で仲間の現場で仕事をするという生徒がいますが，なかなかうまくいかず，犯罪集団の仲間となり，鑑別所や少年院送致となったケースもあり，高校が最後のセーフティーネットなのだと強く感じたことがあります。

進路多様校の現実

03 授業が成り立つのかどうか不安なときは？

・進路多様校では、そもそも授業を成り立たせることが難しいという話も聞きます。授業を問題なく行うために、何から始めたらよいでしょうか？

・初回の授業で授業のルールをしっかり説明し、生徒に理解させ、守らせる指導をしましょう。

・授業は一方向にならないよう、机間巡視と生徒への声掛けを大事にしましょう。

チャイムと同時に授業を開始する

　初回の授業では生徒に「ガイダンス」をします。授業のルールは、クラスの皆が安心して学習に集中できる環境を作るために必要なものであることを生徒に伝えます。1人1人には「学習権」があり、それを侵害するような行為は決してあってはならないことを理解させ、守らせることが大切です。

　進路多様校の生徒は、まず「時間を守る」という感覚に乏しい生徒が多く在籍しています。初回のガイダンスでは「チャイムが鳴り、挨拶が終わってから教室外に出ることは遅刻扱いとする」ことを明確に伝えておきます。そのため、教師もチャイムが鳴る前に教室に行き、生徒に声をかけます。忘れ物があって授業中にロッカーに取りに行くことのないように、忘れ物チェックも毎回行うようにします。まずは、先生の本気度を生徒に態度で示し、毎回徹底します。チャイム前に生徒が教室にいる環境を早めに作りましょう。

授業に関係のないものは机に置かない

　毎回の忘れ物チェックの際に、飲み物・お菓子やスマホ、漫画、化粧道具等、授業に関係のないものが机上に放置されていないか確認します。授業に

関係のないものがあった場合はしまうように伝えます。こうしたことを繰り返していけば，次第に定着していきます。まずは授業に集中できる環境づくりを徹底して行うことが授業を成り立たせるポイントになります。

生徒1人1人とのコミュニケーションが鍵

「生徒との信頼関係のないところに授業は成立しない」ことを意識しておくことが大切です。私が初任校で初めて受け持った2年生は，派手目の女子生徒が揃っていました。そのうちの1人の携帯が授業中に鳴り，彼氏からの電話に平然と出て話し始めました。そこで私が注意すると，「何様なんだよ，お前〜！」と言われて衝撃を覚えました。大人への信頼を構築できてこなかった生徒は最初，そうした反応で心のバリアを張り，「試し行動」をしてきます。こちらも辟易してしまうところがありますが，学年の先生とも連携して，諦めず，粘り強く接していくようにしましょう。そうしたネガティブな反応があったときも「厳しく叱るが，見放さない」ことが大事です。授業を成り立たせるための重要なポイントをまとめると以下のようになります。

---

(1)授業のルールを明確にし，理解させ，守らせる
(2)生徒とのコミュニケーションを大切にし，粘り強く指導する

授業のルールはプリントを配って生徒に穴埋め形式で考えさせ，その後，生徒に音読させます。その際に納得できないことがあったら手を挙げて質問させます。ルールの確認後，違反者は目を逸らさず，プリントを見せて，確認の指導をします。教師は教卓の前ばかりで授業をしてはいけません。常に生徒への声掛けを行えるよう，机間巡視をします。寝ている生徒にも必ず声をかけます。生徒の様子にも目を配り，良かったところを皆の前で褒めます。理解が進んでいない生徒には個別で声をかけて指導します。こうした授業内での個別のコミュニケーションを積み重ねることで，「先生は私たちを見てくれている」という感覚を持たせ，授業に向き合う状況を作るのです。

> 進路多様校の現実

04 問題行動抑止のための登下校時・授業時間内でのポイントは？

- 朝の登下校指導や授業中の「巡回」があることを聞きました。どんなことに気を付けたらよいのでしょうか？
- 1人だと不安です。

- 生徒が溜まりやすい場所を重点的に複数の教員で先回りしていくようにしましょう。
- 巡回は2人1組で行います。マナーを守ることの大切さを、粘り強く伝えていきましょう。

マナーを定着させるための登下校の巡回

　地域の近隣住民から登下校のマナーについてよくくるクレームとしては，(1)道全体に広がって歩いていて，通れない，(2)注意したら，逆上して暴言を吐かれた，(3)バイクを店に勝手に駐車している，(4)近隣の公園で喫煙している，(5)ゴミをポイ捨てして近隣を汚している，といったものがあります。こうした事態が起こるたびにHRや全校集会等で生徒に注意をしますが，全体に注意をしたところでさほどの効果はありません。そこで，**登下校の通学路に先生方を配置して，挨拶をしながらマナー指導を定期的に行っていく**ようにします。こうした試みを行うことで，対外的にも「先生方は協力して指導をしてくれている」という地域住民からの信頼を獲得することにもつながります。よく生徒が喫煙・バイク駐車等で溜まってしまう場所に登校前や下校前に教員が行き，その現場を押さえることもよくあります。ゴミ袋を手にしてゴミを拾いながら指導するというのも大事です。

チャイム着席・中抜け防止のための授業中の巡回

　まず，**年度当初はチャイムと同時に巡回を**します。特に1年生等，学校の

16

ルールをしっかり理解していない生徒が，チャイムが鳴っても廊下でふらふらしていることが多いからです。また，教室移動が難しい生徒がいます。1週間の中に展開授業が複数あると，どの授業がどこで行われるのかがわからず，迷ってしまっているケースが多くあります。場合によっては，学年とも連携して，そうした生徒を教室に連れていくことも大事な役割です。

　チャイム前着席を徹底することは言うまでもないことですが，しばらく経つと，授業中にもふらっと教室の外に出て行ってしまうことがあります。多くはトイレや保健室に行くと言って出て行ったきり戻ってこないパターンです。授業の出席は必ず取るようにしますが，前の時間はいたのに，何の連絡もなく，この時間にいないというケースもあります。**生徒の居場所を把握しておく**ことは安全管理上の面からも教員の責務です。そのため，巡回には力を入れます。巡回の際に気を付けるべき点は以下の通りです。

(1)**ゴミ袋やトングを持って巡回**し，ゴミやガムの吐き捨ては綺麗にする。

(2)できれば，男女教員の2人1組ペアで巡回し，**トイレ内は必ず確認**し，個室が閉まっている場合はノックして声をかける。

(3)**立ち入り禁止の箇所**（死角になっている箇所：屋上への階段，部室棟，体育館の裏など）を重点的に巡回する。

(4)保健室にも生徒がいないか確認。教科担当に伝えていない場合は伝えに行かせる。

(5)マスターキーを持ち，**教室施錠されていない教室は必ず施錠**する。

(6)状況を「校内巡回ノート」に記入し，次の教員に引き継ぐ。

遅刻しない習慣を作るための遅刻カード

　遅刻数の把握や意識づけのため，**遅刻カードを職員室に取りに行ってから，授業に行かせる**ようにします。カードには職員室に来た時間と理由を職員室の先生に記入してもらいます。その後，授業担当に遅刻カードを手渡しし，教室に来た時間も記入してもらい，担当は，授業後に担任に渡すようにします。遅刻回数に応じて学年指導を行う等，遅刻しない習慣づくりが大切です。

3年間の学級経営

05 高1担任が決まったら まず考えたいことは？

- ・高1を担任することが決まりました。初めての担任なので何もわかりません。今からどんな準備をしておけばよいでしょうか？
- ・まずやるべきことは何でしょうか？

- ・まず学年団の先生たちと対話を重ね，想いを共有しましょう。
- ・学年団が決まっていたら，まず学年会をして，「学年目標」を決めましょう。

3年間を通して育てたい生徒の姿を共有しよう

　次年度，学級担任になるかがある程度わかってきた時点で自分は「どんなクラスを作りたいのか？」「どんな生徒に育って欲しいのか？」という「想い」を巡らせておくことが大切です。その後，一緒に担任を行う学年団が決まったら，皆で「**3年間を通してどんな生徒を育てたいのか？**」という想いを伝え合い，<u>学年目標</u>を決めましょう。その際に，次のステップを踏んで考えるようにしましょう。

	現状把握	学校で関わっている生徒の課題は何か
→	想い&願い	私（私たち）はどんな生徒に育って欲しいのか
→	目標・合言葉	3年間を通してどんな目標／合言葉で生徒を育てるか

　今，教えている生徒を思い浮かべてみて，まず現状把握から始めましょう。私がかつて所属していた学年団を発足するときに考えたことを紹介します。

<u>現状</u>：多くの生徒が学習に困難を抱えており，中学校までで成功体験が少な

く，自尊感情が低いため，すぐ諦めてしまい長続きしない傾向がある。

➡ この現状を打開するために，自分が担任になったら，こうした生徒をどのように成長させたいかという想いを言語化していきます。

現状を打開するための「想い」：日常生活の中で生徒が様々なことにチャレンジする機会を多く持たせ，小さな成功体験を増やしていく。

➡ 「想い」を形にするためには「**言語化**」する必要があります。簡単な学年の合言葉を作って，事あるごとに生徒に伝えられるようにしましょう。

学年目標を「合言葉」に：YDK74（Y：や れば　D：で　K：き る）・Do your best!（ベストを尽くす）

➡ 「やればできる」というのは，「やらなければできない」という生徒の現状の裏返しの言葉でもあります。「やればできる」という肯定的な意味付けを行うことで，生徒の目の前にはまだたくさんの可能性が拡がっていて，諦めず自分のベストを尽くし続けることが，自分の夢を切り拓いていくことにつながるのだというメッセージを伝えています。

学年団が同じ方向を向いて指導していく体制を作る

「学年目標や合言葉」は学年の先生全員が共有して，皆で伝え続けていくことが大切です。YDK74（74は74期生という意味）という目標を掲げた学年では，学級担任全員でYDK74のTシャツを作り，集会に全員で着ていきました。学年通信もYDK74というタイトルにしました。学年の先生がアプローチは違えど，想いを共有して，生徒のために一丸となって同じ方向を向いて指導にあたるという雰囲気を作ることが重要です。

そのために，学年団が発足した際には，担任団がお互いをよく知り，何度でも時間をかけて先生たちの生徒や教育に対する「想い」を**全員が語り，聴き合う対話的な関係性，雰囲気**を作っていくことが大切です。学級担任団の中にも「**多様性**」があります。4月に入る前に，担任団各々の個性を学年団の中で発揮し，「違い」を楽しみながら，生徒のために創造的な協働ができる関係性を作っておきましょう。

3年間の学級経営

06 どの時期に何をすればよい？

・3年間の担任の業務の中で，どの時期にどのような準備をしておけばよいでしょうか？

・まず各学校の年間行事予定を頭に入れましょう。行事の1カ月前には実施要項等を学年内で共有できるようにしておくことが大切です。早め早めの準備をしましょう。

1年間の担任・学年の仕事

年度当初，特に3月～4月の入学式・始業式前にやっておくべきことを以下にまとめておきます。担任としてやるべきことと学年の役割分担の中でやることがありますが，全体の仕事を把握しておくために記載しておきます。

時期	項目	仕事内容（●：全学年　〇：一部の学年）
前年度 3月	□クラス分け □名票作成	●作成した名票を各教科に共有。 ※新高2＆高3は，選択科目の名票も共有。 ●各クラスの出席簿を作成。 ●配慮を要する生徒の一覧を作成。
春休み	□学習環境整備 □教室整備 □修学旅行しおり作成（高3）	●座席票・掃除当番表の作成。 ●ロッカーと番号シールの貼り付け。 ●日直日誌の作成。 ●名前マグネットシートの作成。 ●教室・廊下掃除，落書きや破損箇所確認・整備。 ●掲示物（時間割・年間予定など）の掲示。 〇修学旅行当日の行程，集合場所，部屋割り，記録用紙等が掲載されたしおりを作成。
4月	□提出物確認	●提出物チェック表の作成（クラス＆担任）。

	□クラス目標	●決めたクラス目標は教室に掲示。
	□面談の調整	〇生徒との初顔合わせ面談の時間を調整。
	□入学式次第の作成・配布・会場準備・呼名簿の作成	〇入学式次第の作成・印刷・配布準備，会場準備。呼名簿を作成し，生徒の呼名の準備。
	□配布物の作成	●学年だより等，保護者への学年紹介・年度当初の予定の確認等の資料を作成。
	□学年分掌ごとのガイダンス資料作成	●学年での分掌（教務・生活・進路・保健）等の生徒へのガイダンス資料の作成。
	□修学旅行の業者選定	〇修学旅行の実施場所・時期・内容案を考え，仕様書を作成して，業者選定を実施。
	□中学校からの引き継ぎ資料の整理	〇中学校からキャリアパスポート，健康診断に関わる書類，自己PRカード，申し送り事項等の資料を整理し，保管・養護教諭への引継ぎ等を実施。
	□年度当初の時間割の確認	●年度当初の時間割の確認を分掌と調整。
	□新入生行事の実施要項作成	〇新入生の懇親を深める行事については，実施要項を作成。
	□BYOD環境整備	●ICT支援員等と連携して，個別のWi-Fiパスワード設定，BYOD動作確認，Teams等のツールの設定等の準備。
	□修学旅行（高３）	〇学校によって時期は異なるが，高３の４月に修学旅行を行う進路多様校も多い。しおりを配布して事前指導や結団式を行う。約１週間前に事前に配送する荷物をトラックに積み込む。引率教員の打ち合わせ資料も作成し，役割分担を確認する機会を設ける。
	□第１回進路希望調査の実施（高３）	〇修学旅行帰校後は，進路ガイダンスを行い，進路活動を本格的にスタート。
５月	□中間考査	●中間考査１週間前の意識づけと中間考査後の考査個票の作成と配布，成績が厳しい生徒への保護者連絡。試験前日は教室整備（落書きがないかチェック，机の中が空か，黒板に時間割・考査心得を掲示等）。

		□面談日程調整	●面談日程の調整用紙を配布・日程を決定。
		□保護者会の案内作成	●保護者会の日程等の保護者向け資料を作成・配布・出欠希望を回収。
		□修学旅行実地踏査	○修学旅行の実地踏査を1年前の同時期に実施する。考査期間中が現実的。
		□体育祭のメンバー決め	●体育祭の時期は学校によって異なるが，1カ月前くらいから本格的な準備に入る。体育委員に呼びかけて短距離走のタイムの記録等を参照させて，メンバー決めの参考にさせる。クラスTシャツなどを購入する場合は，事前に生活指導部に規定等を確認し，学年会でルール等を共有して注文等を行う。
6月		□体育祭の実施	●体育祭の練習は怪我等の危険もあるため，監督の先生が必ず1名つく。自主練は必ず報告させ，教員の目の届く範囲で行わせる。
		□期末考査テスト対策	●中間考査が振るわなかった生徒に対して，早めにテスト対策を行わせる。提出物の提出状況を確認。
7月		□期末考査	●期末考査1週間前になったら試験範囲掲示，放課後補習，提出物等の個別の声掛け。
		□出欠入力	●出欠の入力や忌引き・出席停止の情報を整理して，各教科担当に提示。
		□成績会議資料の作成 □成績会議での報告	●各教科の成績及び出欠が入力されていることを確認し，成績会議資料を作成。個人情報になるので，資料には番号を振っておき，会議終了後，確実に回収。成績会議ではクラスの概況とともに，学校全体で応援したい頑張っている生徒＆心配な生徒を報告。
		□保護者連絡・三者面談日程調整	●成績が振わなかった生徒には保護者連絡をし，三者面談を夏休み前半までに設定。
		□通知表・配布物の作成 □特別清掃 □考査後の学年行事の実施	
		□進路ガイダンス	●学年ごとに進路部や外部機関と連携した進路

		意識を高めるガイダンスやワークショップを実施。
8月	□三者面談	●三者面談を実施し，成績に1がついてしまった原因を共有，2学期に向けての学習計画等を確認する。このままでは進級に関わるということを保護者に伝達。
	□補習・講習	●成績が振わなかった生徒への補講を実施。
	□文化祭準備	●文化祭準備を計画的に行わせる。
	□面接練習指導（高3）	○高3生担任となると，就職者の履歴書作成指導，事業所見学事前指導・事後指導，面接指導等を進路指導部と連携して実施。進学者にも，志望理由書作成指導・小論文指導等を行う。調査書も作成し，点検完了して，就職者には配布できる状態にしておく。
	□志望理由書・履歴書作成指導（高3）・会社見学対応	
	□調査書作成（高3）	
9月	□始業式欠席者への電話連絡	●命に係わる事案が起きやすい9月最初の登校日に無断欠席だった生徒には速やかに電話をかけ，状況を学年主任・管理職に報告。
	□課題の回収・提出状況の確認	●各教科から課された課題の提出状況を確認して，生徒に個別の声掛けを実施。
	□文化祭準備と文化祭買い出しの援助金等の管理	●文化祭準備は役割分担を明確にして皆が協働して活動できる雰囲気づくりを行う。決める際には，文化祭委員と担任が打ち合わせをした上で生徒に仕切らせる。クラス援助金等は担任が管理し，生徒が使用するたびに必要な金額のみ渡し，帰校後にその場でレシートと釣銭が合っているかを確認する。当日お釣りとして必要な金銭を両替させてくる。チケットの半券を作成。
	□文化祭の実施と売上金の管理	●文化祭当日は金銭を扱う場合は，担任や副担任が交代で生徒監督を行う（その場を離れない）。当日に売り上げと売上数・お釣りが合っているかどうかの確認。
	□就職試験開始（9月16日〜）	

10月	□三者面談希望調査の作成と日程調整	○学校によって異なるが，高2の11月に三者面談が実施される場合には，希望調査を取り，日程調整。
	□中間考査	●中間考査範囲掲示，補習，提出物確認。
	□選択科目説明会＆希望調査の実施	○次年度開講予定の選択科目を教務部に確認。選択科目説明会を各教科と連携して実施。本人と希望進路について面談を行い，選択科目の希望調査を提出させる。
11月	□三者面談	○特に，高2の三者面談では，進路希望決定面談となる。就職 or 進学（大学・短大・専門）及び職種や学部・分野等の話もする。保護者に対しては，高3の早くて11〜12月には入学金＋初年度納入金100万程度が必要になることを伝えておく。
	□修学旅行事前学習開始・体験学習の班決め（高2）	○修学旅行の行程を生徒に伝え，グループや個人で探究テーマを決めさせる。また，体験学習内容を決め，業者に報告して調整。
12月	□期末考査	●成績不振者はここで頑張らないと進級＆卒業に向け，挽回が難しいことを伝え，早めに準備させる。提出物は，考査期間中までに全て提出できるように声をかける。
	□成績会議資料の作成 □通知表の作成 □配布物の作成 □保護者連絡＆三者面談	●成績会議資料を作成する。成績会議前に成績不振者の情報を集約して，放課後補習や提出物の提出を再度促す等の個別指導を実施。 ●成績会議後，進級が心配な生徒には保護者連絡及び三者面談の実施。
	□特別清掃の実施 □考査後の学年行事 □進路ガイダンス	●生徒の進路意識を高める体験型の進路行事を進路部・学年と連携して実施。

1月	□始業式欠席者への電話連絡	●9月のときと同様に，欠席者への電話連絡を行い，学年主任・管理職に報告。
	□修学旅行のホテルの部屋割り決め	○修学旅行でホテルの部屋割りを決め，業者に報告。
2月	□入試前の清掃	●推薦入試・一般入試前の特別清掃を行う。教室掲示等は全て剥がす，教室内に放置された私物を持ち帰らせる。
	□卒業考査 □卒業判定会議準備	○3年生は卒業考査の後，卒業判定会議資料作成を行う。成績が振るわない生徒は電話連絡して登校させ，個別指導して判定会議に間に合うように指導。
	□三送会 □卒業式準備	○三送会での教員の出し物の準備。 ○卒業式次第の作成。表彰生徒や成績優良者・皆勤生徒等の確認。 ○卒業式に向けた身だしなみ確認，卒業式当日の流れの確認，校歌・式歌指導，答辞（送辞）生徒の指導，3年間の表彰等を実施。
3月	□卒業式 □成績会議資料の作成 □通知表・配布物の作成	○最後の呼名を行う。気持ちよく生徒を送り出せるようにする。

早めの準備と相談，共有が大切

　大雑把な流れは以上で示しましたが，各学校で行事等の時期は異なります。まずは，各学校の**年間行事予定を頭に入れ，各担当で要綱や資料を作成し，行事の1カ月前には学年会で共有**できるようにしましょう。他分掌との共有や職員会議での共有も必要となります。早め早めの準備を心がけましょう。

　修学旅行は2年前からの準備が必要となります。学年発足時に場所と内容を決め，経営企画室に連絡をして業者選定委員会を実施します。遅れると，希望するホテル等が取れなくなることがあります。航空機を使用する場合は，修学旅行委員会にも連絡を入れ，1年前には搭乗する航空機を決定します。

25

3年間の学級経営

07 クラス替え&クラス決めで注意すべきことは？

・高1のクラス替えは何を基準にどのように行えばよいのでしょうか？
・高2のクラス替えで注意すべきことはありますか？

・入試の成績で均等に配置していくことが基本ですが，中学校からの申し送り事項等は必ず確認しましょう。
・各クラスが力を発揮できるよう，力のある生徒を分散させましょう。

高1当初のクラス分け

　高校1年生の学年団が発足した際にまずやるべきことは「クラス分け」です。基本的には，入試の成績を元に各クラス均等に配置していきます。例えば，4クラスだとすると，一般入試トップの生徒から順番にA→Dで配置していき，その後，D→Aのように順番で配置していきます。推薦入試トップの生徒は，D→Aの順番で配置し，同様の形で配置します。

	A組	B組	C組	D組
一般入試成績	1位 →	2位 →	3位 →	4位
	8位	← 7位	← 6位	← 5位
推薦入試成績	4位	← 3位	← 2位	← 1位
	5位 →	6位 →	7位 →	8位

　その後，男女比などを調整するために，同じくらいの成績の生徒を入れ替えます。また，中学校の調査書などの書類を確認し，ピアノが弾ける生徒，体育の得意な生徒が均等に配置されるようにこちらも人数調整をします。最後に，中学校からの申し送り事項がないかを確認します。欠席・遅刻の多い生徒や成績が未記入の生徒，オール1の生徒等で情報がない場合は，特別支

援コーディネーターや管理職とも相談をして，中学校に直接確認をしましょう。こうした生徒は「**特別に配慮を必要とする生徒**」であったりします。いじめなどの人間関係がトラブルになった生徒同士が同じクラスにならないようにする配慮や座席の配慮，担任の配慮，特別支援を要する生徒を均等に配置，問題行動を起こしてきた生徒同士が１クラスに集中しないようにする等の調整をすることが大切です。

高２→高３のクラス替え

　多くの進路多様校では高２でクラス替えがあると思います。専門系の学校や進学校では３年間同じクラスの場合もありますが，基本的には高２で１回クラス替えをし，２年間は同じクラスというケースが多いようです。

　クラス替えの目的は，**人間関係の固定化を防ぎ，学級間格差をなくし，生徒が互いに切磋琢磨できる新しい人間関係を構築することを学ぶ**ことです。上級学校に進学した生徒や就職した生徒が卒業後に，「人間関係をうまく作ることができず，馴染めない」ことが報告されることが多くあります。人間関係の構築に課題を抱える生徒が多い進路多様校では，どのように新しい人間関係を作っていくかを学ばせることも重要となります。

　成績が均等になるように，p.26で説明したような形で配置を考えることはもちろんですが，リーダーシップを取れる生徒，音楽・運動能力のある生徒等を均等に配置して各クラスの力を分散させるようにします。

　クラス替えは人間関係をリセットする役割もあります。全ての生徒に配慮することはできないことは伝えつつ，「**クラス替えにあたってどうしても担任に伝えておきたいこと**」を３学期の面談では生徒から聞いておきましょう。担任や保護者の目から見ていても苦しい人間関係は切り離してあげることもクラス替えでの考慮の対象になります。クラス分けは１日で決めないことです。日を空けて担任団で何度か検討することで見えてくることもあります。

3年間の学級経営

08 担任の１日の仕事内容とは？

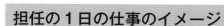

・担任の１日の仕事内容をイメージしておきたいと思っています。具体的にどんなことを行っているのでしょうか？ また，注意すべきことは何でしょうか？

・担任の仕事で大事なのは，クラスの生徒の様子を見守り，小さな変化に気づくことです。さりげなく，教室の様子を見に行って生徒との日々のコミュニケーションを大切にしていきましょう。

担任の１日の仕事のイメージ

　進路多様校での担任の１日は，どのような仕事があるのでしょうか？　以下に１日の大まかな予定をまとめておきます。

時間	仕事内容
生徒登校前	□教室整備▶ゴミを拾う，教室を清掃する，机・椅子をきちんと揃える，ゴミ箱が溢れていないか確認する，黒板をきれいにする（落書き等は消す），窓を開ける，机の中に物が入っていないかを確認，破損箇所がないか確認，トイレ・廊下の整備状況の確認
生徒登校	□挨拶・コミュニケーション▶教室整備をしながら，早く来た生徒に挨拶・声掛け □昇降口前で挨拶・身だしなみ指導▶気持ちよく挨拶をすることや身だしなみを正す習慣づくり □欠席・遅刻の確認▶電話連絡での対応やオンラインでの出欠確認などを行う
職員朝の会議	□全体での職員の打ち合わせで連絡事項を確認 □全体の打ち合わせ後，学年団で１日の確認，連絡事項や生徒指導の確認

朝のショート ホームルーム	□挨拶▶椅子を入れて大きな声で挨拶・立って礼をさせる □出欠確認▶1人1人名前を呼び，返事をさせる □身だしなみ確認▶1人1人顔色を確認しながら実施 □今日の予定の確認▶全体連絡を簡潔に行う □担任からのメッセージ▶「こんな1日にしよう！」 □連絡事項の掲示・個別の生徒への配布物の配布
授業中	□挨拶▶チャイム前着席を徹底 □身だしなみ確認・持ち物確認▶授業前準備を徹底 □授業内の退出は退出時間等をチェックし，担任に報告。 □机間巡視しながら，生徒への個別支援▶心配な生徒は担任に報告 □提出物の確認▶日程・範囲・提出場所を明確に伝達 □学校内巡回▶授業の様子確認，廊下・トイレの確認，空き教室や 　昇降口，保健室の状況の確認，教室に入っていない生徒への指 　導，中抜け指導 □保護者への連絡▶朝のSHR時点で出席が確認できていない家庭 　への保護者連絡及び本人への連絡
休憩時間・ 昼食時間	□様子の確認▶クラスの人間関係，孤立している生徒がいない 　か？ □生徒指導と巡回▶大音量で音楽を流している生徒や走り回ってい 　る生徒への指導，死角となる場所にいる生徒の状況確認（トイ 　レ・校舎の隅，校舎外，体育館トレーニング施設等），清掃状況 　確認（ガムの吐き捨て，ジュースこぼし等）
帰りのショー トホームルー ム	□出席確認▶全員着席してからSHRを始める，朝いたのにいない 　生徒等は確認して，電話連絡等を行う □今日の気づきを振り返り，メッセージを伝える▶日直＆担任が今 　日良かったところや「もう少しこうした方が良かったのでは？」 　というメッセージを伝える □明日の授業の確認と連絡事項の伝達，提出物の確認 □放課後活動の確認▶委員会・部活・面談生徒等 □本日の掃除当番確認▶メンバーと場所，担当教員を確認
清掃	□清掃の心構えや清掃方法の伝達 □全員が揃って，出欠確認をし，挨拶をして終了

放課後	□教室整備と教室施錠▶机の中やロッカーの上の私物の確認，黒板をきれいにする，ロッカー施錠確認
	□欠席者や心配な生徒への保護者連絡
	□生徒面談・委員会・部活動・授業の補習等
	□生徒の放課後の活動の様子の見学
	□学級日誌のコメント記入
	□生徒情報の入力と報告▶学年・学校で生徒情報を共有，学年主任，特別支援コーディネーターや管理職への報告
	□学年団の打ち合わせ▶生徒情報の共有
	□分掌会議▶特別指導生徒への対応・拡大分掌部会等

日常的な生徒の観察とコミュニケーションが重要

　「生徒の観察」は「監視」ではありません。「見に行く」だと生徒が身構えてしまうので，あくまでも「さりげなく」が大切です。例えば，朝の教室整備をしている最中に生徒が教室に登校してきて，「今日も早いね」という声掛けをしたり，昼休み中に提出物を返却しにいくついでに休憩時の生徒の様子に目を向けたりすることです。廊下で挨拶しつつ，身だしなみが不十分な生徒には声をかけていきます。目標は1日の中でクラス生徒の全員と何かしらのコミュニケーションをすることです。「**先生は私たちのことを気にかけてくれている**」という安心感のある場づくりをしていくことが大切です。

　また，生徒の授業中の様子や実習，部活の様子等も時々，見に行くとよいでしょう。座学の授業では目立たない生徒が体育の授業や実習，部活などで活躍していたりと，普段とは違った一面を見ることができることがあります。「**どんな生徒にも良いところがある**」という視点を持って，生徒の活躍する場面を見つけて声をかけましょう。こうしたことを記録しておくと，通知表の所見や調査書や推薦書を書くときにも使うことができます。

HR は連絡事項だけで終わらせない

　ホームルームは連絡事項を伝えて事務的に終わってしまう場面を見ますが，

担任の想いをしっかり伝える場にしましょう。「こんな良いことがあったので，担任としてとても嬉しかった」「こうあって欲しい」という願いを伝え，「担任としては，今，クラスのこうしたことが気になっている。君たちはどう思う？」というように，課題に対する**問いかけ**を行うことです。良いことがあったときや表彰された生徒等は皆の前で拍手をして，皆でクラスのお互いの良さを認め合い，伸ばし合う雰囲気を作ることが大切です。逆に，注意する場面では，皆の前で行わず，声をかけて１対１で行うようにします。

生徒情報の共有は密に

生徒の気になる情報は，学年・生活指導部・特別支援コーディネーター・養護教諭・管理職・各教科担当が共有できるように，**「生徒情報共有シート」**を用意して，こまめに記録をしておきましょう。記録は**「いつ，誰に対して，どんな対応をして，どんな結果になったのか」**を記載しておきます。保護者への連絡がつながらない場合も電話した時間等は記録しておきましょう。また１日に１回は放課後に時間を決めて，短時間でも１日の生徒状況の確認をする時間を学年で取るようにしましょう。

> ホームルーム

09 毎日のSHRで意識することは？

・朝のSHRは連絡事項を伝えるだけでよいのでしょうか？
・帰りのSHRをなしにしているクラスもあり、生徒からの要望も出ています。どうしたらよいでしょうか？

・朝や帰りのSHRは学級担任にとって生徒・クラスの状況を把握する大切な場ですので、短時間でも必ずやるようにしましょう。時間を守ることを習慣化することも大切です。

生徒1人1人とコミュニケーションを取る場

　朝と帰りのSHRは時間がない中で、生徒への伝達事項のみで終わってしまいがちですが、中高の教員にとっては、その日の生徒の状態を確認する最も大事な場です。確認したいポイントを以下にまとめておきます。

---

(1)身だしなみ確認をしながら、1人1人に声をかける。
(2)「起立・気を付け・礼」を行った後、声を出して挨拶させる。
(3)1人1人、名前を呼んで返事をさせる。
(4)連絡事項を伝えた後、連絡事項掲示を貼っておく。
(5)生徒へ「(今日 or 明日)こんな1日にしよう」メッセージを伝える。
(6)提出物の確認など、個別で生徒に声をかける。

---

　(1)〜(3)は朝のSHRのみでよいでしょう。(1)については、「起立」の声がかかったら、毎回身だしなみ確認を1人ずつ教師が回りながら行います。**生徒の小さな変化・成長を見逃さない**こともポイントです。いつもスカート丈を直していない生徒が、きちんとしていたら必ず褒めます。体調悪そうな生徒

には声をかけます。全員確認終わったら，(2)で「礼」をして「おはようございます，ありがとうございました，さようなら」の一言も声を揃えて言えるように指導します。(3)は全員の名前を呼んで，返事をさせます。**返事はその日の生徒の心理状態のバロメータ**でもありますし，１人１人がクラスにとって大切な存在であることを確認する場となります。(4)の連絡事項は簡潔に伝え，**今日の呼び出しや今日までの提出締切等は前の黒板端に掲示**，その他のものは，後ろの黒板のスペース（スペースは，「授業関係」「提出物」「進路関係」「保健関係」等と分類しておくとよい）に掲示しておきましょう。(5)ですが，その日の生徒の状況や学習の状況に合わせて，「今日はこんな１日にしよう」という担任からのメッセージを伝えます。**生徒にとって良いこと，他の先生から褒めて頂いたこと**は生徒に伝えましょう。例えば，「先週末，○○さんが○○部の大会で最優秀賞を獲得しました。（拍手）自分の力を高めるために大変なことも粘り強く頑張った○○さんの努力している姿を見てとても嬉しく思いました。こうした粘り強く頑張る雰囲気をこのクラスにも広げていきましょう」といったような感じです。最後に挨拶が終わったら，個別で連絡が必要な生徒，提出物が出ていない生徒等には声をかけていきます。

帰りのSHRでは，１日の振り返りの場を設ける

　帰りのSHRも必ずやるようにしましょう。その日の最後の授業が終わったらなるべく早く行くようにします。**生徒が全員揃うまでSHRは始めません。**授業が全て終わって他のクラスの生徒と話しに行ったり，トイレで長居している生徒がいることがあります。皆がクラスで座って待っている中，何人かが気まずそうに入ってきます。**時間を守ることや優先順位を考えること**を生徒に気づかせるようにしていきましょう。帰りのSHRでは，翌日の連絡事項の確認と，日直に今日の感想を皆に伝えてもらいます。**クラスで良かったことや明日以降，こうしていきましょう**といったメッセージを伝えてもらいます。卒業前は，クラスに対するカウントダウンメッセージになります。

▶ ホームルーム

10 生徒主体のLHR運営とは？

・生徒主体でHRを運営したいのですが，自分から動ける生徒も少ないです。
・生徒が毎日色々なことを相談して話を聞いています。これでよいのでしょうか？

・HRの運営の仕方を丁寧に教え，作戦会議をしましょう。まずは先生を真似るところからです。
・相談に乗ろうとする姿勢は持ちつつ，最後は自力解決の力が身に付くよう指導しましょう。

生徒が司会のホームルーム

1年生の最初は担任が中心に運営しますが，その仕事をモデルにして，2学期以降は少しずつ生徒に任せていき，3年生時には完全にHR運営を生徒に任せます。先生が前に出てきて声をかけて動くのではなく，まずは<u>自分たちで考えて動ける生徒集団を作る</u>ことがどんな場面でも大切になります。朝や帰りも先生が来る前にHR委員が前に出て，出欠を取る準備をします。「座ってー」という声掛けを生徒が行います。担任は，後ろの扉から静かに入っていきます。以下の役割をまとめた紙をHR委員に渡しておきます。

---

(1)チャイムが鳴る前に生徒に声をかけ，着席させる。
(2)「身だしなみを整えましょう」と声をかける。
(3)号令係が「起立・気を付け・礼」を行い，声を出して挨拶させる。
(4)1人1人，名前を呼んで返事をさせる。
(5)「委員会・係から連絡はありますか？」と声をかける。
(6)「では，○○先生お願いします」と言い，担任に引き継ぐ。

朝・帰りのSHR，LHRも基本的に同じ流れです。LHRでは，行事や委員会の話し合い等があるので，(5)が少し重くなります。**各係・委員会から話し合うことがある場合には，事前にHR委員に伝えておくようにしましょう。**

LHR前には担任と作戦会議をする

生徒主体のLHRにするには，**LHRの内容について，司会生徒と事前に相談**しましょう。主に，**(1)行事・委員会での時間配分，(2)決める内容と方法，(3)司会・書記等の役割分担**などについてです。(1)については担任からの伝達事項やアンケート等でどのくらい時間を最後に残しておいて欲しいかを生徒に伝えておきます。その上で，生徒たちだけで使える時間がどれだけあるかが決まります。(2)は何かを決める際に，全体で意見を募ってもなかなか出ないことが多くあります。**付箋に個人で意見を書かせる→班になり，司会・書記・発表者等の役割を決める→1人1人に意見を言ってもらい，A3の共有シートに付箋を貼りながら意見をまとめる→発表者がクラス全体に共有する**等の決める際の方法を話し合っておきます。(3)では，全体での意見を集約する際に意見を振る際の司会と黒板にまとめる等の書記の担当等を事前に決めておきます。リーダー等になった経験のない生徒が多くいるため，**リーダーとしての役割・仕事の内容と方法**を事前に丁寧に教えておきます。

最後に自分で解決できる生徒を育てる

私自身，新任当初は生徒の話を休み時間や放課後にじっくり聴き，毎日のように生徒が相談に来ました。しかしあるとき，生徒は先生に相談しても何も解決しないことがわかり，「これだけ相談しているのに，先生は何もやってくれない」という不満が噴出し，生徒の非難の的になりました。話を聞いてくれる熱心な担任から，使えない担任への転落です。こうした経験から，生徒が自分で解決する力をつけなければ，うまくいかなくなったときに誰かのせいにする人になってしまうということを学びました。生徒が自ら考え，行動し，選択する力を後押しするファシリテーターとなることが大切です。

▶ ホームルーム

11 生徒の顔にあざがあると気づいたら？

・朝のホームルームで生徒の顔にあざがあることに気づきました。どうしたらよいでしょうか？

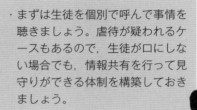
・まずは生徒を個別で呼んで事情を聴きましょう。虐待が疑われるケースもあるので，生徒が口にしない場合でも，情報共有を行って見守りができる体制を構築しておきましょう。

朝のホームルームで生徒の変化に気づく

　ホームルームでは，身だしなみを確認しながら，生徒の顔色などにも変化がないかを確認します。その際に，生徒の顔にあざがある，やけどや怪我をしている，顔色が悪い等の際には，ホームルームが終わった後に，他の生徒がいないところに呼んで声をかけます。顔にあざがある場合，喧嘩の場合もあれば，児童虐待が疑われるケースもあります。生徒が申告しない限り判断は難しいですが，場合によっては養護教諭にも入ってもらい，身体の他の部位にも怪我がないかを確認するようにしましょう。虐待が疑われる場合には，学年主任・養護教諭・SC・SSW・管理職等と連携を取りながら，<u>児童相談所へ通告</u>することになります。

ネグレクト・心理的虐待

　進路多様校に多いのはネグレクト傾向にある家庭の生徒です。食事を与えてもらえなかったり，生徒が日常生活を送るために必要な最低限度の食費や定期代等も与えられていなかったりの状況にある生徒がいます。昼食の様子も見に行ってください。菓子パン1個やスナック菓子で済ませている生徒が

います。保護者も自宅に長期間いなかったり，深夜にしか帰って来なかったりして，生徒が必要な書類についての署名や学費等の対応にもなかなか応じてもらえていない現状があることもあります。

　兄妹の数も多いにもかかわらず，兄弟姉妹の面倒を本人に任せているという状況の家もあります。夕食の準備中に鍋をひっくり返し火傷をしてしまったが，救急車の要請を父親から渋られ，自分で電話して搬送された。脚の切断を免れたが，父から叱責され，「お前は家の恥だ」等と言われてしまった……といったケースもあります。こうした事態は心理的虐待といえます。また，アルバイトの収入を自分で管理できずに親の口座に振り込まれるようにされ，いつの間にか勝手に使われてしまうことや，いつも帰って来ない母親からアルバイトの給料日に連絡があり，金銭を要求される等の金銭的な虐待もこれに含まれるでしょう。こうした厳しい状況にある生徒は自尊感情も低く，生きることに希望を見いだせず希死感情が強くなることもあります。

　生徒が「家に帰りたくない」と言っている場合も家が安心できる場ではないということの現れでもあり，注意して対応をしていく必要があります。

安心・安全な居場所づくりと相談体制の確立

　こうした生徒の支援は担任だけで抱え込まず，教育相談コーディネーター・SC・SSW・養護教諭等と常に生徒の情報共有を行い，多くの教員でその生徒の見守り，相談できる関係性を少しでも作っておくことが大切です。涙が止まらない，心理的に落ち着かない，体調が悪い等のときはいつでも保健室や教育相談室に相談に来られるよう，生徒の居場所を確保しておくことも重要です。

　こうした生徒の情報共有のために，全教員が閲覧できるように「**生徒情報共有シート**」を活用し，「当該生徒情報・生徒状況・対応（記入）者」がわかるようにしておくことや，毎朝の体調確認等を，ICT 等を活用して生徒に入力させ，「相談したいことはありますか」といった項目や自由記入欄を作成して，**生徒が SOS を出しやすい環境**を作っていくことが重要です。

> ホームルーム

12 生徒たちが席替えをしたがるときは？

・生徒が席替えをしたいと言っています。どんなことに気を付けたらよいでしょうか？

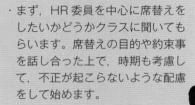
・まず，HR委員を中心に席替えをしたいかどうかクラスに聞いてもらいます。席替えの目的や約束事を話し合った上で，時期も考慮して，不正が起こらないような配慮をして始めます。

何のための席替えか？

　席替えの要望はよく生徒たちから出されます。しかし，1学期は教科担当の先生に顔と名前を憶えてもらうことが最優先です。与えられた環境で人間関係を構築し，勉学に励み，粘り強く取り組むというのも大事な経験です。様々なことが落ち着くまでは席替えはしない方がよいでしょう。
　そして，「席替えをしたいという意見があるが，どう思うか」をHR委員が司会で，HRで話し合いをさせます。その際，席替えは何のために行うのか，席替えをした際の約束事等も意見を出させ，クラスの合意を取りましょう。**席替えは新たな人間関係を構築するきっかけ**となり，クラスでこれまで話したことのない人と話をして幅広い人間関係を作ることを目的にするものだと考えます。ですので，決め方も「くじ」が基本になると思います。

約束事を決めてから席替え

　私は席替えをするときは，「（くじで決めるので）どのような席になるかわからない。たとえ，自分が合わない人が周りに一緒になったとしても，思いやりを持った対応をし，皆が学習に集中し，協力し合う環境を努力して作り

上げるように」「もし，新たな席になって，授業で集中できない様子が聞こえてきたときはすぐに席を元に戻し，今後は席替えを行わない」ということを伝えています。皆で席替えをしたいという希望を出し，それを実現するのだから，皆でルールを守ることや，一番大切な授業に集中できる環境を作ること，嫌な思いをする人が出ないことが大切です。そうしたことをしっかりと約束させた上で席替えをしましょう。

ネームプレートの作成

右のようなネームプレートを年度当初に作らせます。マグネットシートを横型に切って，生徒にネームペンで番号・名前を書かせます。作成したプレートは黒板の左側に貼っておきます。クラスの係・委員会を決める際も，自分の希望する係の欄に貼りつけ，重なったところはじゃんけんや話し合いで決める等の対応ができます。

12. 中村 俊佑

席替えの方法

(1)番号のみが記載されている座席表を拡大した紙を教室に貼る。
(2)先頭列の生徒同士でじゃんけんをさせ，勝った列からくじを引かせる。
(3)引いた番号の席に自分のネームカードを置く。

列ごとに1人ずつ行うことがポイントです。一気にやると生徒同士で番号を交換する等の不正が発生することがあります。皆が公平な状態で席替えができるようにしましょう。机はそのままで席だけ移動し，移動後は隣，前後の人と向き合って「これからよろしくね」の挨拶をさせます。書記の生徒に黒板に貼ってあるネームカードを元に座席表を作成させるようにしましょう。

また，体調等の理由や視力の問題で前の席にする等，個々の事情がある生徒がいる場合はくじの前に皆に説明して，事前に席を決めておきます。定期考査の際には，座席は出席番号順になります。

生徒とのコミュニケーション

13 生徒の様子はどう見ればいい？

・授業が始まると，なかなかクラスの生徒の様子がわかりません。毎日，どういったタイミングで生徒の様子を見ていけばよいでしょうか？

・授業の様子を見に行くことはもちろんですが，日常の朝・休み時間・放課後にさりげなく，生徒の様子を観察し，変化に気づくとともに良い行動を積極的に見つけられるようにしましょう。

朝のコミュニケーション

　朝は教室に早めに行き，教室整備をしながら，生徒が登校してくる様子をさりげなく観察します。いつも一番早く来る生徒には，挨拶とともに，「今日も早いね」という声をかけます。朝早く来ることを心がけている生徒は，皆の前で褒めたり，通知表や推薦書等でも具体的な良いエピソードとして記載します。普段早く来ない生徒が早く来たら褒めるチャンスです。登校時には昇降口前で挨拶と声掛けをしましょう。普段１人で来ているのか，どんな友人と来ているのかも確認しましょう。いつも友人と共に来ているが，今日は１人で登校している等の場合は何かあったかもしれません。挨拶の時の声のトーンや表情等も確認しましょう。いつも朝一緒に来ている友人とトラブルになり，学校に来づらくなっている生徒がいたとします。その際には，クラスの面倒見が良い生徒に声をかけてあげるよう依頼してみましょう。

小さな良い言動・行動を見逃さず，良い輪を拡げる

　配布物を配布して受け取る時に，「ありがとうございます」と言ってくれる生徒がいます。そうした言葉かけがあるだけで良い気持ちになります。話

を聞くときに，必ず先生の方を向いて頷いてくれる生徒，配布物がたくさんある時に，自ら来て配るのを手伝ってくれる生徒がいます。そうした生徒の良い行動は皆の前で大袈裟くらいにまで褒めましょう。「**良いと思うことは，言われなくてもどんどんやる**」という雰囲気をクラス全体に作っていきます。

1日1回はクラス全員と会話，良いところを見つけよう

　学級担任として心がけたいのは，全員と毎日何かしらのコミュニケーションを取ることです。課題のある生徒や自分から話しかけてくる生徒はよいですが，大人しく自分から来られない生徒もいます。そんな生徒にも「元気？」等と声をかけ，全員の生徒を見ているというメッセージを出していきます。

　休み時間も監視という形ではなく，掲示物などを掲示する体で自然な形でさりげなく，クラスの様子を見に行きましょう。昼休み，昼食を誰と一緒に取っているか，1人で食べている生徒は誰か，教室におらず，他クラスやクラス以外の階段等で食べている生徒は誰か等を確認します。中には昼食を持参していない生徒やスナック菓子や菓子パンで済ませている生徒もいて，要注意です。

生徒の対応記録をつけておく

　生徒指導を行った際や生徒の気になる行動，また保護者対応の記録は，こまめにつけておきます。指導の経緯を見直せるように，Excel のシートを生徒分作成し，生徒の名前のシート毎に日付・時間と対応記録を記載しておきます。クラス替えの際の担任間の引継ぎのときにも役に立ちます。

放課後の様子

　放課後にいつも残って清掃の手伝いをしてくれる素敵な生徒や勉強に取り組んでいる生徒，友人同士で話をしている生徒等，放課後もどんな様子で過ごしているのかを見ておきましょう。クラスのために，皆が見えないところで貢献してくれた生徒は，翌日の HR で皆に伝えて拍手をします。

▶ 生徒とのコミュニケーション

14 日直の仕事とは？

・面倒くさがって日誌を適当に書く生徒がいます。日誌を充実させるためには，どんな工夫をしたらよいでしょうか？

・過去の良かった日誌をコピーして，ラミネートしておき，見本として示しましょう。また，教員がたくさんコメントを書くと，生徒もコメントを気にしてたくさん書いてくれるようになります。

日直はその日のクラスのリーダー

　日直の主な仕事は，「授業が終わった後の黒板消し」と「日誌の記入」です。担任は生徒の授業の様子を全て見ることはできません。そこで，クラスの日直がその日のクラスのリーダー役となって，授業等でのクラスの様子をよく見てもらい，日誌に記録，帰りに日誌を手渡しする際に担任に報告してもらえるようにお願いしておきます。

読むのが楽しみになるような日誌に

　日誌を読んで，担任がその日のクラスの様子がありありと思い浮かべられるように工夫して書くように伝えます。日誌は，朝のSHR時に生徒に渡し，帰りに書き終えて，担任に手渡すようにさせます。教卓の上に置き放しの場合や，机の中に入れたまま，書かずに帰ってしまった場合等は次の日も日直となります。日誌に書く項目を以下にまとめておきます。以下の内容を日誌の表紙に掲載しておくようにします。なお，以下の項目は上山（2015）を参考に改編したものです。

◎授業前後にやること

MISSION 1　黒板消し

　→みんな＆先生が気持ちよく授業を受けられるように！

　○毎回の授業が終わり次第，黒板をピカピカに消す。

◎毎回の授業後＆帰りの SHR 後にやること

MISSION 2　学級日誌の記入

　→みんなでクラスをよくしていくために，気づいたことを書く！

　→担任がその日のクラスの様子がわかるように工夫して書く！

　(1) 朝：①その日の目標を書く。②出欠の確認をする（氏名も記入・理由は
　　　　　担任に確認する）。③行事があれば記入する。

　(2) 各授業終了後：科目・担当の先生・授業内容と感想・気づいたことをそ
　　　　　　　　れぞれ具体的に記入する。

　(3) HR の記録：朝，帰りの HR での伝達事項などを記入する。

　　　　　　　　　　　→話をよく聞いてメモすること！

　(4) 本日の点検：帰りに教室の状況を確認し，記入する。

　○日直より：1 日の反省と感想や担任・クラス皆に伝えたいことを書く。最
　　　　　　　低 3 行は書くこと。

◎帰りの SHR 後にやること

MISSION 3　明日の日付を書き，日直ネームプレートを黒板に貼る。

MISSION 4　窓閉め・エアコン・清掃状況の確認・消灯

★原則，日誌を担任へ手渡しをする。（不在の場合は，職員室担任机上へ）

　「日誌の書き方例」として，良かった日誌の例をラミネートして，挟んで
おくようにするとそれがモデルになります。日誌が担任との 1 つのコミュニ
ケーションツールとなり，日誌を渡す際に話したり，日誌に気になっている
ことを書いてくれる生徒もいます。教員が丁寧にコメントをすると，こだわ
ってたくさん書いてくれるようになりますし，生徒は先生のコメントが気に
なるようで，翌日，確認していたりします。

> 環境整備

15 生徒の登校前に行っておくことは？

・担任の先生が，生徒の登校前にしておいた方がよいことは何でしょうか？
・生徒が授業中も落ち着きません。まずやるべきことは何でしょうか？

・教室整備です。見るべき6つのポイントがあります。
・担任の先生と協力して教室整備を行いましょう。きれいな環境にいれば生徒も心を落ち着けることができます。

登校前に行っておくべき6つのポイント

「教室整備」は，進路多様校において非常に重要になります。まず，担任の先生が朝に行くべき場所は「教室」です。できれば，生徒が来る前に教室の環境を整備すること，生徒が授業を集中して受けられる環境に整えることが大切です。大事なポイントを6点まとめておきます。

---

(1) 黒板をピカピカにしておく。
(2) 机・椅子をきちんとそろえておく。
(3) 教室をゴミがない程度に清掃しておく。
(4) ゴミ箱があふれていないか，ゴミ箱の中を確認する。
(5) 机の中に物が入っていないか，机の横に物をかけていないかを確認する。
(6) ロッカーの上に物が放置されていないか，廊下やトイレの清掃状況を確認する。

---

(1)の黒板は生徒の視界に一番入りやすく，ここがきれいになっていないと生徒の心も落ち着かなくなります。また，生徒には「**先生方が気持ちよく授**

業ができるように黒板をきれいにしておくこと」と伝えます。先生が気持ちよく授業ができれば，生徒にもプラスになるということなのです。(2)の机・椅子の乱れも，生徒の心の乱れを反映するものです。生徒同士が勝手に机をつけ，人の机・椅子を使って元に戻さない場合があります。(3)は，教室に落ちている紙屑や埃はない状態にしましょう。(5)とも関連しますが，落ちている紙屑に生徒が書いた悪口等のメモが見つかるケースもあり，クラスの状態を知る重要な指標となります。(4)のゴミ箱があふれている教室を時々目にしますが，ゴミ箱は空に，分別もよく見ておきましょう。ありがちなのは，食べ途中の物を捨てていたり，まだ液体の入っている飲み物が捨てられていたりするケースです。最初は大変ですが，**教師がペットボトルのキャップを外して分別し，液体の入った状態のものは捨ててゴミ箱に入れていく**ことで，次第に少なくなってきます。(5)について，机の中に物を入れて帰らないことを徹底することが大切です。**私物はロッカーの中に全て入れて鍵をして帰ること**を徹底しましょう。物を置き放しにすると，盗難や紛失，いたずらが増加します。(6)のロッカーの上も同じですね。要は，**学校は公共の場であって，個人が好き勝手に使ってよい場所ではなく，皆が気持ちよく過ごせる状態にしておくこと**をきちんと認識させることが大事なのです。

教室はそのクラスの状態を反映する鏡である

　「このクラス落ち着きがないな…」と教科担当として思うクラスは，だいたい教室が汚いことが多いです。課題がある生徒の机の周りにはゴミが放置され，机の位置が乱れていることが多くあります。実験で，課題のある生徒の周りだけ清掃しなかったことがあります。そうすると，みるみるうちにゴミが増えてきました。「割れ窓理論」は教室にも適用されるのですね。

　担任の先生が毎朝行って清掃をしていると早く登校する生徒に遭遇します。毎朝熱心に清掃する先生を生徒も見てくれています。「先生手伝おうか？」と言って声をかけてくれる生徒もいて，教室をきれいにする輪が拡がっていくと良い雰囲気となり，担任の負担も減っていきます。

▶ 環境整備

16 校内巡回のポイントは？

・校内巡回ではどのようなことに注意をしたらよいでしょうか？
・校内巡回で特に見ておくべき場所はどこでしょうか？

・教室に入っていない生徒に巡回の先生複数で声をかけ，教室に行くように促しましょう。
・トイレや死角になっている階段，空き教室等です。生徒の命に関わる事案や盗難事案等につながる可能性もあり，注意が必要です。

校内巡回のポイント

「校内巡回」は，授業中や昼休み，放課後の時間帯に校内を教員で回って歩くことです。進路多様校では，次のような光景が見られることがあります。チャイムが鳴って授業が始まっているのに，廊下やトイレにいたり，教室移動ができずに HR 教室でふらついていたりする生徒の姿。授業中にトイレ等での喫煙行為や授業中に教室外へ出てしまう中抜け行為，保健室で体調不良を訴える等の姿。遅刻してきた生徒が教室に入らずトイレに籠っている姿。トイレ内で自傷行為をする女子生徒。施錠されていない教室に入り盗難行為を行う生徒…こうした教室の中で授業を受けられない課題のある生徒に声をかけ，教室で授業を受けるように促し，**生徒の問題行動を抑止する**のが校内巡回の大事なポイントです。

また，校内巡回では，ゴミ袋とトング，雑巾等を持っていきましょう。校舎内ではガムの吐き捨て，ゴミのポイ捨て，ペットボトルの投げ捨て，ジュースがこぼされる，食べかすが散乱している等の事象や，トイレではタバコの吸い殻放置，トイレットペーパーが水浸し状態で放置，洗面台では切った髪の毛が散乱等の事象が多発します。これらを放置するとさらに汚れ，生徒

が快適に生活できる環境ではなくなります。そこで，校内巡回の際には，ゴミを拾いながら校舎内を回りましょう。注意点を以下にまとめておきます。

---

(1)ゴミ袋とトングを持参し，校舎内をゴミ拾いしながら巡回する。

(2)マスターキーを管理職から借り，施錠されていない教室は施錠する（盗難防止）。

(3)トイレ・死角になっている立ち入り禁止区域，屋上への階段，使用されていない教室等に生徒がいないかを確認。

(4)授業中の教室の様子を確認。カーテンが閉まっている場合は空ける。スマホ等の使用・菓子を食べたり，私語をしている状況を注意。

(5)巡回で気になったことは「巡回ノート」に記入し，生活指導部・学年等に報告。

　校内巡回をすることで，授業中外に出てしまった生徒がいる教科担当者が巡回の先生にヘルプを求めることもできます。トイレにずっといる生徒にはノックをして声をかけるようにしましょう。巡回の際には，**男女ペアの２人の教員で行けるような体制**にしていくことが重要です。女子トイレには女性の先生に対応してもらいましょう。また，困った事象が起きた際には複数での対応が大切です。特に，生徒の居場所がわからない場合は，命に係わる事案につながる可能性もあると考え，複数で捜索できるようにしましょう。

安全・安心な環境づくりのために…

　休み時間中も大変ですが，大人しい生徒にとっては安心して過ごせない環境になっている場合があります。大音量で音楽を流したり，取っ組み合いをしたり，掃除用具やペットボトル等を投げ合って遊んでいたりする姿…。こうしたことを行っている生徒には「自分たちが楽しい」ことが相手に不快な思いをさせていないかを立ち止まって考えさせる必要があります。まずは，休み時間中の様子も見に行き，教員全員で注意をしていくことが大切です。

▶ 環境整備

17 清掃指導のポイントは？

・生徒が清掃中にふざけて参加しなかったり、帰ってしまったりで清掃指導に困っています。どうしたらよいでしょうか？

・清掃も役割分担を明確にして進めることが大切です。競い合ったりしながら清掃も一生懸命やれば楽しいことを学ばせたいですね。

通常の清掃

新年度が始まったら、クラスごとに清掃場所が割り当てられるので、担任クラスの場所を確認します。教室以外は各担当の先生に清掃日程の確認をし、右上のような班ごとの割当表を教室に掲示しておきます。清掃班は列ごと（出席番号順）がわかりやすく、1年間固定でよいでしょう。右下のような班ごとの清掃の出席カードを作成し、一番先頭の生徒が班長で、清掃の際にはこのカードを担当の先生に持参し、出席の確認をしてもらうようにしましょう。

清掃班の確認は、帰りのSHRで行います。教室は毎日清掃をした方がよいです。SHR終了後、全員机の中を空にし、机の上に椅子を上げさせて、下げるところまで皆にやらせるようにします。

教室清掃・廊下清掃のポイント

教室清掃班は教室清掃組と廊下清掃組で分かれます。教室清掃組は，掃き担当と机運び担当に分かれます。掃き担当は2名1組で隅から右図のようにジグザグで行います。1名（●）の後にもう

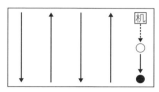

1名（〇）がついていき，掃き残しがないように行います。〇が掃き終わったら，運び担当が後ろに下げてある机を前に運びます。後ろ半分も同様の形で行います。**役割分担を明確にし，効率よく作業を進める**ことで，清掃が早く終わります。廊下の掃き掃除も同じです。後ろ半分が終わったら，机を元に戻し，椅子を降ろします。机は縦と横をきちんと揃えましょう。床に油性マジックで机の位置を書いておくときれいに揃えやすいです。全て終了したら，じゃんけんをしてゴミ捨て担当者を決めます。ゴミ捨て担当者はゴミ箱を新しい袋に変え，ゴミ袋をゴミ収集場へ持っていきます。最後に全員で挨拶して終えましょう。最後の人は窓閉め・消灯も忘れないようにしてください。

特別清掃は役割分担が重要

特別清掃は学期末に1回行われるものです。皆の学び舎に感謝してピカピカにしましょう。教室清掃前に机の上に椅子を上げさせ，前から乾雑巾を配り，机と椅子の脚は各自でゴミを取ってから，各清掃場所に向かわせましょう。全員が清掃するので役割分担を明確にしないと手持無沙汰で遊んでしまう人が出てきます。教室であれば，**①掃き担当②拭き担当（ガム剥がし等も）③黒板担当④掲示物整理担当（いらないものは外す・教卓内の資料の整理等）⑤廊下担当⑥ゴミ捨て担当等**を予め決めておきます。水拭きはクリーナーを付けながらやることもありますが，水拭きの後，乾拭きしないと，誰かが踏んで余計に汚くなります。2人の連携が大切です。ガム剥がし・汚れ取りはもんじゃ焼きを作るようにクリーナーとヘラを使います。掃き掃除も生徒にとってはカーリングのようで，楽しそうにやっていました。

▶ 環境整備

18 気がつくと,教室・廊下がゴミだらけになるときは？

・教室や廊下にガムの吐き捨てや,ごみのポイ捨て,空き缶等が散乱してすぐ汚くなります。どうしたらよいでしょうか？

・生徒の規範意識が弱いですね。いくら口で伝えても,なかなか改善されないものです。生徒たちに気づかせる指導の工夫が必要です。

具体的なエピソードを伝え,問いかける

担任がクラスを見ていて良くないと思う**具体的な場面**を生徒に率直に伝え,問いかけをします。例えば,以下のような例です。

> ・教室にジュースがこぼれている状態が放置されている。
>   →自分には関係ないからそれでよい？
> ・○○先生から忘れた人向けに特別にもらった歌詞カードが練習後に散らかっている。→それを見たら先生はどう思うだろう？
> ・廊下にガムが吐き捨ててある。→皆はどう感じる？
> ・中身が入ったままのペットボトルが捨ててある。
>   →ゴミ捨て当番の人はどうすると思う？

こうした行動を平気で行う生徒は,他者への想像力が弱い傾向にあります。まずは,担任がこれは良くない行動であることを明確に伝えます。以上のような状況を他者はどう感じているかという**他者への気づき**を促し,皆が気持ちよく過ごせるようにするにはどうしたらよいかを考えさせます。

教室の課題を皆で共有する課題

　なかなか言葉で改善されない場合は，方法を変える必要があります。ホームルームで右のような写真を見せます。毎回，教室を清掃しますが，ある生徒の机の周りのゴミ散乱がひどい状況が続いたので，しばらくの間，その生徒の周りの清掃を放置しておきました。案の定，その生徒の机の周りは日に日に汚れていきました。この様子を写真に撮り，クラスの課題として，皆に見せ，以下の項目を考えてもらい，出た意見をまとめて生徒に見せました。

1．この写真を見て「課題だと思う点について」書きましょう。
・ゴミが落ちている。　・紙が散乱している。　・飲み物が窓と床に放置されている。　・教室にジュースがこぼれている。　・お菓子の袋など，ペットボトルが教室にポイ捨てされている。　・椅子や机が整頓されていない。

2．この写真を見て「感じたこと」を書きましょう。
・写真を見てみて，缶とかプリントとかがそのまま落ちていて，本当にひどいと思いました。自分で食べた飲んだものなどは自分で捨てるべきだと思いますし，人任せにすることもひどいことだなと思います。　・ゴミが落ちていて，清潔感がない。

3．あなたが考えたこと，心がけようと思ったことを書きましょう。
・ポイ捨てをしないように注意して心がける。　・教室をきれいにする。　・ゴミを見つけたら捨てる。　・何のためにゴミ箱があるんだということをもう高校生なのだからしっかりみんなで意識していこうと思いました。　・ゴミ箱があるのにポイ捨てされているのは不快な気分になる。汚いのはいやだなと改めて思った。　・誰かが不快にならないように言動や行動を気を付ける。　・教室や登下校の道とかもきれいに，皆が気持ちよく過ごせるという環境を作る。　・クリーン活動に積極的に参加し，教室もきれいにしていきたい。

　この事例から，皆がどう感じているのかを当該生徒のみならず，全員が課題として捉え，望ましい行動のための行動指針を共有できました。

▶ 学年内での役割分担・学年の仕事

19 学年内での仕事の役割分担は？

・学年内ではどのような役割分担があるのでしょうか？

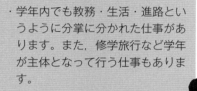
・学年内でも教務・生活・進路というように分掌に分かれた仕事があります。また，修学旅行など学年が主体となって行う仕事もあります。

学年の役割分担を決める

　学年が決まったら，学年内での役割分担を話し合います。学校ごとに差がありますが，大まかな仕事内容を以下に挙げておきます。

役割	内容
❶学年主任	企画調整会議，生徒相談委員会，学校運営連絡協議会，連絡調整（分掌・管理職・外部），年間LHR計画等
❷学年教務	各種名票作成，成績会議資料，選択科目調整，出欠管理（特欠，忌引，出席停止），調査書作成，指導要録，皆勤・精勤・表彰，教務部との連絡調整
❸学年生活指導	学年指導，特別指導，集会指導，整列指導，遅刻指導，防災教育，校歌指導，学年行事運営，生活指導部との調整
❹学年進路指導	進路行事，適性検査・進路調査等，進路用写真撮影，推薦書等の点検，進路指導部との連携，基礎学力向上，探究の授業運営（授業・フィールドワーク・成果発表会）
❺修学旅行	企画・立案，業者選定，事前事後学習，しおりの作成
❻学年行事	遠足，学年スポーツ大会等の企画・立案，校外学習

❼会計	学年予算（支出承認書等），生徒会積立金会計，副教材購入
❽保健	健康診断，清掃・保健関係，注意を要する生徒一覧の共有
❾ICT	1人1台端末（BYOD）の整備，オンライン（Microsoft Teams 等）調整
❿広報	学年便りの発行，HP 更新，保護者会運営，通知文作成
⓫卒業関係	卒業証書・台帳準備，祝品準備，卒業アルバム業者調整，写真撮影，卒業式しおり・行事の記録，各種表彰生徒，賞状準備等

　学年主任は既に決まっていると思いますので，まずは三大分掌である教務，生活，進路を決めていくことになります。前年度等にそれぞれの分掌経験者が入ることが多いことと思います。また学年教務・生活・進路はそれぞれの分掌の先生との調整役となり，拡大部会等で学年の情報を共有することもあります。以下では学年特有の役割分担について簡単に説明していきます。

修学旅行の業者選定

　修学旅行については，学年発足時に日時・場所・目的・希望行程と内容・予算上限・看護師の有無等を記した「**仕様書**」を作成します。この仕様書を元に業者を募集し，業者が説明に来たり，資料を送ってきます。それを元に，評価を行い，業者選定委員会を開いて，修学旅行の委託業者を決定する流れになります。決定後は直接担当者とのやり取りを行い，実施1年前には担当者が**実地踏査**に現地へ行くことになります。

卒業アルバムの業者選定

　こちらも入学者数と同数の卒業者数で申請を出し，仕様書を作成して卒業アルバムを委託する業者選定を行います。4月には業者を決定し，業者に年間行事予定を渡して，行事等には写真撮影に来て頂くよう依頼しましょう。

学年内での役割分担・学年の仕事

20 学年と分掌の連携は？

・学年と分掌の先生との連携はどのようにしていけばよいでしょうか？

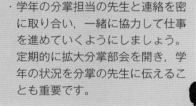
・学年の分掌担当の先生と連絡を密に取り合い，一緒に協力して仕事を進めていくようにしましょう。定期的に拡大分掌部会を開き，学年の状況を分掌の先生に伝えることも重要です。

学年教務の仕事

　入学当初のクラス分けの際に，入試の成績情報等を教務部の先生からもらい，クラス分けに活用します。クラスが決まった際には，名票を作成し，各教科に共有します。また，名票を印刷しておき，教務手帳等で利用できるようにします。各学期末では，各教科の成績・欠時等が入っているかを確認し，成績一覧表を作成します。学年末には，各担任に指導要録に必要な情報を入れてもらい，指導要録を出力して点検する作業を整えます。選択科目の調査や希望の整理，人数調整等も教務部と連携して行いましょう。3年の夏休みには調査書の作成，点検業務も中心になって行います。学期末の学年行事等で，授業担当の先生を空けておいて欲しい場合等は1カ月前には教務部の時間割担当の先生に相談しておきましょう。

学年生活の仕事

　生活指導部と連携し，遅刻・中抜け指導や特別指導にまではならない日常的な指導について，学年指導の方法を検討し，中心になって生徒指導します。学年指導を繰り返しても改善されない場合は，生活指導部にお願いします。

集会時の整列指導や学校行事に関する連絡調整も行います。学年行事の要綱等は，日時・目的・役割分担等を記載して早めに拡大部会で共有しましょう。

学年進路の仕事

　進路指導部と連携し，学年進路行事等を運営します。年間2〜3回，学期末の時間を利用して，外部業者との連携による進路行事を行うことが多いです。業者との連絡調整は進路指導部，生徒への進路調査や教室の割り振りは学年というように，仕事の棲み分けを年度当初の拡大部会等で確認しましょう。3年になると，進路ガイダンスや履歴書指導・論文指導・面接指導等で忙しくなります。担任の先生は提出書類を点検して，不備がないかを確認し，学年進路担当が集約して進路部に持参するとよいでしょう。学年と進路部の役割分担を行って，互いの負担感が出ないように，コミュニケーションを密に取って進めていくことが大切です。また，総合的な探究の時間の運営や基礎学力向上に関しても学年担当も主体的に関わって意見を出していきましょう。

拡大分掌部会の実施

　拡大分掌部会は月1回程度開けることが望ましいです。拡大分掌部会の構成員は右図のように，分掌のメンバーに加えて，各学年の学年分掌担当が入るイメージです。各学年が単独で動くのではなく，分掌と連携して組織的に仕事を進めてい

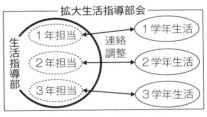

拡大分掌部会のイメージ

くようにしましょう。分掌にも学年担当を決めておき，何かあった際に一番の窓口となって対応します。拡大分掌部会では，各学年の状況を報告し，課題等を共有できるようにしてください。各学年の報告を聞くことで，次年度に行う仕事内容のイメージをしやすくなります。1〜2年は生活指導，3年は進路指導に関する生徒情報共有を密に行う必要があるため，学年会の最初の10分で分掌の学年担当に入ってもらうことを検討してもよいでしょう。

学年内での役割分担・学年の仕事

21 修学旅行の下見は何を見ればいい？

・修学旅行の実地踏査を1人で行かなければならず、初めての修学旅行担当なのでどの点を見ればよいか心配です。

・事前に業者とも注意事項を確認し、導線や集合場所等の確認と現地で担当者との打ち合わせを行ってください。写真等も撮っておき、生徒に事前学習で見せられるようにしましょう。

集合場所と導線・到着後の導線の確認

　業者と打ち合わせをして当日の集合場所を決めますが、多くの場合、予約制ではないため、他校と一緒の場合もあります。まとまって集合させるようにしますが、集合場所の目印等を写真に撮っておき、生徒に示せるようにしておきましょう。電車からの導線で間違いやすい場所等を確認し、引率教員を配置する等も検討します。整列もクラスごとにまとまって行うようにします。トイレ等の確認もしておき、生徒に事前に行っておくように促せるようにします。出発ロビー等までへの導線も確認しておきます。

　また、駅や空港に到着してからバス乗車までの導線や所要時間を確認します。トイレ等の場所も確認しましょう。写真屋さんや看護師の方は現地集合の場合が多いのでどこで合流するかも確認しておきましょう。

各見学場所でのチェックポイント

　各見学場所では、トイレの場所、救護施設、集合場所、バスの降車場所、各ポイントから集合場所までの所要時間、集合写真撮影場所などを確認しておきましょう。

昼食場所で，全員で食事をする場合は，バスから場所までの導線，座席等の確認をしておきましょう。また，各見学場所で担当者との挨拶（名刺交換）と簡単な打ち合わせを行ってください。体験学習施設では，体験学習内容と生徒に用意させておくもの等を確認しておきます。

宿泊施設での確認事項

宿泊施設では担当者と次の点について確認をしましょう。

> ・**活動場所の確認**：部屋割り，教員部屋，救護室，予備室等の確認，班長
>   会議・教員会議，夕食・朝食会場，体験活動の場所
> ・**注意を要する場所の確認**：進級禁止エリアの確認，部屋風呂の確認，荷
>   物の置き場所の確認，アルコール自販機の有無の確認，有料放送確認，
>   ホテル周辺の確認
> ・荷物を送る際の場所，各施設での諸注意の確認

朝食・夕食会場ではマイクを使えるようにお願いしておきます。アレルギーのある生徒への対応も確認しておきます。また，**部屋の使用にあたっての留意事項（ドライヤー使用，鍵の管理と返却時間・場所，布団の片付け，ゴミ分別）や施設利用上の注意点（エレベータ使用の可否，非常階段の確認，進入禁止エリア・売店利用の可否等）・フロントの体制（生徒の外出は不可）**の確認を行います。売店では一般客もいることから，アルコール等が販売されている場合があるので，売店の前には教員を配置します。

グループ別自由行動場所の確認

自由行動で生徒が行くと想定される場所と公共交通機関や集合場所の確認を行います。実地踏査では，ポイントとなる**集合場所や見学場所などの写真**を撮っておき，事前学習で生徒に写真を見せながら，具体的にイメージを持たせて提示できるようにしておきましょう。

学年内での役割分担・学年の仕事

22 委員会・クラスの係を決めるときは？

・クラスの委員会・係がなかなか決まらなさそうで心配です。何か工夫できることはありますか？

・事前に仕事内容を配布・説明し，第3希望まで決めておくように指示を出します。ネームカードを使って，拡大した委員会一覧の名前欄に希望するカードを貼付するとスムーズです。

係・委員会の確認と事前周知，学年の係等の相談

委員会は，学校全体で決まっているものになると思いますので，生活指導部に学年の生活指導担当が事前にどんな委員会があるか，各クラスの必要人数，仕事内容，一斉

委員名	人数	主な仕事内容
代議員	2	クラスを代表して，中央委員会に出席する。
生徒委員	2	生徒会役員の仕事を補助する。
編集委員	2	学校新聞「のらぼう」「微光」の発行等。
厚生委員	2	校内美化促進，定期健康診断の仕事。
文化祭委員	2	文化祭の準備委員として立案・運営補助。（学校全体）
合唱祭委員	2	合唱祭の仕事（曲決め，練習計画立案等）。
体育委員（男）	1～2	体育授業の整列・点呼，準備体操指導。
体育委員（女）	1～2	体育行事（体育祭・体力テスト・球技大会等）の立案・運営補助。

招集日等を確認して学年の先生に伝えておきましょう。1年生であれば，上のような表を用いて，**委員会の仕事内容を簡単に紹介し，事前にやりたい委員会を第3希望くらいまで考えてくる**ように伝えましょう。

学校全体の委員会以外にも，学年・クラスの係で必要なものを学年会で話しておきましょう。以下のような係が一例です。学年特有の係もあります。

・進路係（3年）：進路関連の資料配布，回収等
・修学旅行係（2～3年）：修学旅行の運営，事前・事後学習の準備，発表

会の司会，修学旅行当日の仕事（食事の挨拶・点呼など）
・鍵係（全学年）：教室移動の際の教室施錠
・号令係（全学年）：授業前後の号令をかける
・書記係（全学年）：委員や係等決まったことを転記したり，HRの記録を
　つけたりする。また，クラス目標などの掲示物を作成する。
・学習係（全学年）：配布物の配布・回収，返却物の返却，各教科からの提
　出物を後ろの黒板に記入する
・卒業アルバム係（３年）：クラスページの作成

役割の重要性を伝える

　「係・委員会を通して，クラスや学校のために貢献しよう」「決まった仕事
はあなたにしか担えないクラスの大切な役割。責任持ってやり遂げよう」
「決まった係・委員にクラスの皆は協力しよう」と伝えます。係・委員が責
任持って仕事をしないと，クラスの皆に迷惑がかかってしまうので，責任を
持つ覚悟が必要です。ありがちなのは，文化祭委員なのに夏休みの準備に来
ない，合唱祭委員なのに休みがちでもう１人に任せきり，等があります。

係・委員会の決め方のポイント

　まず，学級委員を決めてから，司会を交代します。前頁の表の委員会一覧
の右に名前欄を設けておき，拡大したものを予め黒板に貼っておきます。列
ごとに前に来させ，希望の委員会・係の右に自分のネームカードを貼らせま
す。全員貼り終わった後，重なっている班について呼びかけ，前に来て話し
合いまたはじゃんけん等で決めさせます。全て決まったら，学級委員が「○
○委員は△△さん」と伝え，よければクラス全員で拍手をさせ，決定します。
委員会・係は１人１役がマストですが，クラスの人数によっては２役になる
こともあります。その際は，委員会と係をそれぞれ１つという形にしましょ
う。決まった結果は，書記係が記入用紙に転記し，担任に手渡します。

小・中学校内容の学び直し

23 プライドを尊重しつつ、基礎を丁寧に教えるには？

・小中学校の基礎基本を定着させるために、「学び直し」を行うことが求められています。どんな工夫をすると、生徒が取り組むようになるでしょうか？

・生徒の取り組みを目に見える形にするために、スタンプやシール、カード等を用意しておき、先生から個別で指導を行えるとよいですね。全員で取り組ませるのもポイントです。

全員体制での学び直しが望ましい

　進路多様校では、小・中学校で未習得分野のある生徒が数多く在籍しており、3年間かけて小・中学校までに習った基礎的な内容を習得することが目標になります。特に主要3科目については、以下の項目が課題となります。

国語：文字をバランスよく丁寧に書く力（極端に大きい文字・小さい文字）／基本漢字／ひらがなとカタカナの書き分け／敬語の使い方／同音異義語／対義語／書き言葉と話し言葉／句読点の位置

数学：足し算・引き算／掛け算・割り算／倍数／約分／小数・分数の計算／割合／単位換算

英語：アルファベット（b, dやpとq等の鏡文字）、単語の書き方（文字間・単語間のスペース）／ローマ字／単語の読み方／be動詞と一般動詞／主語と動詞の区別／代名詞変化

　「学び直し」は、放課後等の時間を使って成績が振るわない生徒だけが呼び出されてペナルティーのような形で行うと、生徒自身も自尊心を傷つけら

れた気分になり、放課後もなかなか残ってくれません。先生たちは残らない生徒を追いかけ回して指導するという悪循環に陥っていきます。効果的なのは、**全員体制での学び直し**です。帰る時間は変えずに、授業時間を5分短縮して7時間目等を作って全員で学び直しを行ったり、1時間目の前の朝学習という形で10分程度の時間を取って毎日継続して学び直しを行ったりします。全員体制であれば、自分たちだけ特別という感覚はなくなるでしょう。成績上位者には上位者向けの発展プリントを用意しておくとよいです。

取り組みを可視化する

学び直しについては以下のような手順で行います。

まず、**10分弱で取り組めるプリント**を配布し、各自で解かせます。解けた生徒は先生に解答をもらいに行き、答え合わせを赤ペンで行わせます。その後、間違った問題の**解き方を納得できるまで先生に質問して解決**し、直しを行います。英語であれば、間違った英文を5回書いて、先生の前で英文を言えるようにするところまで取り組ませます。それができたら、スタンプシートを持って先生からスタンプをもらい、**振り返りシート**を記入させるという流れです。ここでのポイントは、スタンプシートで**自分の取り組みの成果を可視化**することです。

スタンプの数を友人と競ったり、スタンプシートの欄が全て埋まるように取り組んだりなど、小さな到達目標があると熱心に取り組むようになります。振り返りは、取り組んだ項目、理解度（◎／○／△／×）、感想や理解できていない部分・質問等を言語化させます。振り返りには教員側も目を通し、理解できていない生徒へは次回に個別のフォローを行います。教員のコメントも入れると、生徒も一生懸命書いてくるようになります。

▶ 小・中学校内容の学び直し

24 学び合う雰囲気を作るには？

・クラスがなかなか落ち着かないのですが，学習に集中できる環境を作りたいと思っています。どうしたらよいでしょうか？

・自分の「強み」を友人に還元することを生徒に伝え，学び直しの取り組みの際に，早く終わった生徒は手が止まっている仲間に教えようと伝えてみましょう。「教え合い」が「学び合い」につながっていきます。

クラス内で学び合いの文化を作る

　クラス内の「学び合い」「教え合い」ができると，クラスの雰囲気がグッと良くなり，全体の成績も上がっていきます。進路多様校では，習熟度授業は馴染みません。勉強が苦手な生徒のみを集めても，劣等感を持った「俺たちはどうせできないから」という変な仲間意識を持ち始め，ふざけ合ったり，途中で帰ってしまったりとネガティブな雰囲気になります。一方で，教室には多様性があります。勉強が得意な生徒，苦手な生徒，体育が得意な生徒，イラストが得意な生徒…この多様性を活かさない手はないのです。勉強が得意で早く終わった生徒には，手が止まっている友達に声をかけて，「教える」という経験をさせます。「教えられれば，本当に理解している証拠」「教えることで，学んだことが定着する」と伝えます。全教科が得意な生徒はなかなかいません。数学が得意な生徒が教える側に立ったら，英語では教えられる側に立つなど，役割を交代しながら，お互いの苦手な部分を補い合う関係になれば，クラス全体が高め合う雰囲気になり，全体の力が上がっていきます。教えた仲間が問題を解けるようになれば，教えた生徒を褒めてスタンプをあげてください。教える方も教えられる方も win-win の関係になるようにし

ましょう。

　勉強が苦手な生徒も，教室が学習する雰囲気になっていれば，「やってみようかな」という気持ちになります。朝学習では，時間になったら問題を配布し，皆が一斉に問題を解き始めるという雰囲気を作ります。皆が静かに取り組んでいる雰囲気で遅刻して入ってくるのが気まずくなり，遅刻が減っていきました。人は環境に大きく左右されるのです。

「学び直し」は授業内でも

　「学び直し」は全教科で必要です。上記の取り組みも，短期的な成果ではなく，全学年・全教科で学校全体の共通理解を図り，継続的に取り組むことが大切です。授業内の一部を学び直しの帯活動にする場合もあれば，授業自体が学び直しになる場合もあります。進路多様校では教科書を進めることが最優先事項ではありません。小中学校の既習事項を定着させること，授業を通して「わかった，できた」という経験を多く積ませることが大切です。学び直しで取り組んだ内容は<u>定期考査にも出題</u>し，定着を確認しましょう。

プリントをこなすことだけが学び直しではない

　プリントを黙々とこなすことだけが学び直しではありません。英語なら，生徒が自信を持って大きな声で英語を読めるようになること，相手に伝えられるようになることが大切です。英語が苦手で単位を落としそうになったある男子生徒は，書いて取り組む課題が苦手だったため，「中学生が来たくなるような学校紹介英語 CM を 1 分で作成すること」を課題としました。合格発表のときの喜びの感情を英語にし，Dad, Look! It's my number! や廊下ですれ違ってぶつかった時の Are you OK? のような簡単な英語を感情を込めて全身で表現し，動画を見た聴衆を湧かせました。教科の特性に合わせて，筆記での評価だけでなく，タスクや口頭試問等で多様な評価を行うことが大切です。「何を教えるか」ではなく，生徒が**「何ができるようになったか」**に焦点を当てて「学び直し」の運営・評価をしていきましょう。

▶ 授業

25 生徒が教室で学ぶ環境づくりとは？

・授業が始まる前にやっておいた方がよいことは何でしょうか？
・生徒が教科書等を取りに教室の外を出て行ってしまいます。どうしたらよいでしょうか？

・身だしなみ・持ち物確認等を行って授業を受ける環境を整えるようにしましょう。
・どんな理由でもチャイムが鳴ってから外に出ることは遅刻扱いであることを伝えましょう。

チャイムと同時に礼に始まり，礼に終わる

　進路多様校では，まず，**時間を守ること**を生徒に徹底させることが重要です。チャイムが鳴っても，廊下で遊んでいたり，トイレに入っていたりする姿が見られることがありますが，1年次の早い段階で，**「チャイムと同時に挨拶を始める」**ことを徹底するようにしましょう。チャイム後に入ってきた場合はいかなる理由でも「遅刻扱い」であることを徹底します。チャイムが鳴ってからロッカーに行くために教室を出た場合も遅刻扱いとします。

　挨拶で起立させた状態で，1人1人以下のことをチェックしていきます。

---

(1) **身だしなみ**の乱れがあったら，正させる（スカート丈・化粧・シャツを
　　ズボンに入れる・ネクタイやリボンを正しく身に付ける等）
(2) 授業の**持ち物**が机上にあるかを確認する。授業に関係のないもの（スマ
　　ホや飲み物・菓子類など）があった場合はしまうように指示する。

　チェックしながら，1人1人に「今日は持ち物が全部そろったね」「時間通り来られたね」「惜しい，あと1個揃っていなかった」「眠そうだけど，大

丈夫？」等，日常的なコミュニケーションをしていきます。身だしなみが整っていない場合は回り終わるまでに正させ，全員が正した状態で「礼」をします（直せていない生徒には再度声をかけ，待ちます）。「礼」の後にHRでは必ず「おはようございます」，英語の授業では，「Good morning, Mr. ○○」のように声に出させます。声が小さかったらやり直しをさせます。授業の終わりの礼の後も，「ありがとうございました」「Thank you. See you.」等と気持ちよく声を出せる雰囲気を作っていくようにしましょう。

初回の授業でルールを皆で考えさせ，共有する

特に年度初めの初回の授業で「授業のルールづくり」をします。こちらが一方的にルールを伝えるのではなく，なるべく**生徒にルールの必要性を主体的に考えてもらう**工夫をします。一番大切なこととして，「**クラスの皆が安心して学習に集中できる環境を作ることが大事**」であることを全体に伝えます。その上で，スマホを出している場面や寝ている場面，私語をしている場面等をスライドで見せて，生徒に Good or Bad を考えてもらいます。その後，ペアやグループで，「授業でやった方がよいこと（should do-list）」「授業中にしてはいけないこと（mustn't do-list）」を作成させ，発表させます。発表後，生徒には Agree?（賛成）or Disagree?（反対）と聞き，クラス全体での「授業ルール」ができ上がります。皆で決めたルールだから皆で守っていこうということを伝えます。

授業の遅刻・欠席は要注意

進路多様校では，欠席や遅刻等が多く，年間の履修の欠時数を超えてしまいそうな生徒が毎年多数います。高校には履修・修得の条件があり，それを満たさないと進級・卒業ができないことを初回の授業で伝えておきます。**欠時数が溜まっている生徒には個別で声をかけ，担任の先生にも必ず伝えておき**，保護者にも連絡してもらいましょう。「あと1日休んだら進級できない」ということが2学期だと取り返しがつきません。「早めの連絡」が大切です。

▶ 授業

26 どうやったら生徒が寝たり，騒いだりせずに授業に取り組む？

・授業中に生徒が騒いだり，私語をしてしまうことがあります。おとなしめの生徒も寝たりしてしまいます。どうしたらよいでしょうか？

・授業に見通しを持たせ，今，どこまで進んでいるのか，あとどのくらいやればよいのかを可視化しましょう。
・教師の説明は３割以下にし，生徒がペアやグループで活動する場面を増やしましょう。

授業の内容を小刻みに変える

「進路多様校」では，授業の40〜50分間を集中して説明を聞くことに困難さを抱えている生徒が多数います。生徒の学びを最大化するために，生徒の集中力が継続する<u>５〜10分で活動の内容を変える</u>ことが重要です。例えば，私の英語の授業では以下のような流れで授業を展開しています。

(1) ペアで挨拶（Hi, ○○. How are you?）し合い，笑顔で「今日もよろしくね」と言い合う。
(2) ペアで今日の授業のテーマに関わる単語について英語で説明し合う。
(3) 前回学んだことをペアや全体で確認する。
(4) 本日の授業の目標を確認する。
(5) スライドで視覚的に今日の授業のポイントを示しながら，５分程度でポイントだけ簡潔に説明する。
(6) 説明した英文等をチャンクごとに音読練習する。全体練習の後，ペアで声出し練習に取り組む。
(7) 教師の前で言えるようになった英文を発表し，ハンコをもらう。

⑻全体で本日学んだことを確認し，振り返りを入力して提出させる。

　⑴は，ペア同士笑顔で挨拶することで雰囲気づくりをします。⑵では縦で
ペアを組み，お互い向き合わせます。後ろ向きの生徒は前を向かないように
指示し，前向きの生徒に向けて，黒板に単語（教科書の話題が space（宇宙）
なら，それに関する誰もが知っていそうな単語（例えば star）等）を書き，
１分以内に相手に英語で説明させます。at night，sky，dark 等，知ってい
る単語を羅列するだけでも最初は OK です。You can see them in the sky
at night. とヒントを言えるようになれば最高です。ペアの生徒が説明された
単語がわかったら着席させます。⑶⑷で，前回の学びと今日の授業のポイン
トを確認します。生徒が**見通しを持って学習活動に取り組む**環境を整えるた
め，黒板の右側に今日の授業の流れを箇条書きで示しておき，授業の進行に
合わせて都度，どこまで進んだかを確認していきます。⑸で新出事項の説明
を少し加えますが，**先生の説明は授業全体の３割**以下に留めましょう。⑹で
は，長い英文を日本語と共にチャンク（意味のまとまり）で区切り，チャン
クを言えるようにしてから全体を言えるように，スモールステップでタスク
を行います。言えるようになった英文は，ペアで音読練習をします。じゃん
けんで leader（英文を読む人）と follower（英文を繰り返す人）を決めます。
席を立ち，ペアで向き合って手を伸ばし，距離を取って，英文は leader の
み手にできます。leader が大きな声できちんと英文を読めていないと
follower は繰り返せません。役割交代して，終わったら座ります。

個に応じた指導

　ペアやグループワーク中に教師は必ず机間巡視をして個別指導します。で
きた生徒には個別で教師の前に来させて，目の前で英文を言えたらハンコを
押し，できるようになったことを褒めます。生徒が活動・作業している時間
を７割にし，生徒がその授業で**「できた」「学んだ」ことを言えるようにす
る**ことが大切です。

67

▶授業

27 タスク中心の授業にするためには？

・観点別評価が求められています。多様な評価をするためには、どのようなことを意識したらよいでしょうか？

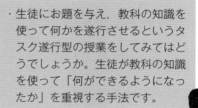
・生徒にお題を与え、教科の知識を使って何かを遂行させるというタスク遂行型の授業をしてみてはどうでしょうか。生徒が教科の知識を使って「何ができるようになったか」を重視する手法です。

タスク中心の授業

　<u>タスク</u>とは、"A task is defined as any purposeful action considered by an individual as necessary in order to achieve a given result in the context of a problem to be solved, an obligation to fulfil or an objective to be achieved."（CEFR）と定義されており、「何かを達成するために必要とされる目的を持った行為のこと」を指します。ここでは大きく捉え、生徒が何かを達成するために行う活動のこととします。進路多様校では、単元を終わらせたり、教科書を進めたりすることはさほど重要ではありません。無理やり進めても、生徒はほとんど理解していないというのが実情です。そこで、「教師が教える」ではなく、**「生徒が授業を通して何ができるようになったか」**に焦点を当てて授業計画を練るという大きな発想の転換が大切です。

各学期での到達目標と年度末の成果発表

　まず、それぞれの学校で「**3年間の○○科の授業を通して、生徒が、何ができるようになることを目標とするのか**」という到達目標を教員間で共有します。その後、各学年の各学期でどのような既習事項を用いてタスクを行い、

各学年末で何ができるようになることを目指すかという年間授業計画を策定します。学年末には，**成果発表**という山場を作ります。例えば，私が所属していた学校では，以下の3年間を通した英語授業のタスク案を作りました。

3年間を通じた英語指導の目標

英語学習の意識改革‼⇒英語を使って何かを「できる」ようになる・「話せる」ようになる・何かを「したい」と思えるようになる

入学時のアンケートで「英語が嫌い，苦手」が9割を占める学校でしたので，少なくとも卒業時には「英語ってちょっと楽しいかも？　これからもやってみようかな？」と思って卒業してもらえる**情意面**（英語で何かを「したい」）を最終目標としました。そうした未来志向の目標を達成するには，3年間の英語の授業で英語を使って何かが「できた」，英語を「話せた」という経験を多く持たせることが大切だとわかります。そこで，以下のような各学年の指導テーマと目標を設定しました。

各学年の指導テーマと目標

・1学年：**「英語って楽しい！」**

⇒英語を使ってコミュニケーションをすることの楽しさを知る

・2学年：**「英語で伝わった！」**

⇒相手に伝わる声の大きさで，英語で感情を込め，自信を持って発信できるようになる

・3学年：**「英語で，できた・わかった！」**

⇒英語で，「できる・わかる」を増やし，自ら学び，自分の英語を磨く

まずは英語に対するネガティブな感情を減らすために，1年生では「楽しい」という情意面の目標を立て，2年では「伝わる」というタスク遂行目標，3年では，「できる・わかる」という理解の側面に持っていき，もっと良くしていくために self-editing のスキルまで身に付けられれば最高です。

授業

28 タスク中心の多様な評価のあり方とは？

・各学年のタスク遂行型の授業を行う際に，どのような視点で授業計画を作り，評価に反映させたらよいでしょうか？

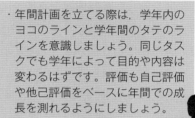

・年間計画を立てる際は，学年内のヨコのラインと学年間のタテのラインを意識しましょう。同じタスクでも学年によって目的や内容は変わるはずです。評価も自己評価や他己評価をベースに年間での成長を測れるようにしましょう。

各学年のタスク計画

「○○の教科を通して，3年間でどんな生徒を育てるのか」について教科内で共有し，その目標を実現するために，各学年でそれぞれの発達段階に応じて，「どのようなタスクを処理できるようになるのか」というタスク案を示していくことができます。

◆ 各学年でのTASK ⇒各学期のパフォーマンステストを実施

学年	科目	単位数	1学期	2学期	3学期	コンテスト内容	行事との関連
1学年	英コミI	3	・自己紹介 ・好きなもの・こと人を紹介（Show & Tell 形式）	・CM制作 （好きなコマーシャルを英語に）	コンテスト準備	・Show & Tellのスピーチ ・CM発表	・TGG全員参加 英語コンテスト ・探究発表会 （1月）
	論表I	2	・疑問文に対する答え+αインタビュー	・疑問詞を含む疑問文に対する受け答えインタビュー			
2学年	英コミII	4	・自己紹介 ・Can you~?パフォーマンス	・Can you~?を用いたオリジナルSkit発表	歌のレシテーション	・Skit英語劇発表	・探究発表会 （1月）
	実用英語（選択）	2	・日本的なもの／言葉／文化を紹介する英文作成	・日本文化紹介PV制作	PV紹介プレゼン	・紹介動画PV発表	
3学年	英コミIII	4	・自己紹介 ・Skit発表（発展）	・マイプロジェクトプレゼン（高校で学んだこと＆後輩へ残す言葉）		・Skit発表 ・マイプロプレゼン	・修学旅行 （4月） ・英語コンテスト （12月） ・探究発表会 （1月）
	論表II	2	・沖縄観光スポットをJETの先生に紹介するPVの作成	・CM制作 （五高魅力紹介）		・PV発表 ・CM発表	

年間指導計画のポイントはタテとヨコ

　以上のような各学期の到達目標を作成したら，その目標を実現するための各月でのタスク練習案を整理しておきましょう。最後に学年末のコンテストを成果発表の場とすると，発表の質を上げるためには，それまでに何をいつ，どのような手順で行うかを教員間で共有して計画的に指導していく必要があります。これが通常の年間授業計画，つまり，ヨコの計画です。では，タテとは何でしょうか？　例えば，前頁の表では４月のタスクが１〜３年とも「自己紹介」となっています。しかし，同一のものを繰り返すのではなく，それぞれの**発達段階や習熟度・状況に応じて，目的や内容は違う**ものになるはずです。例えば，以下のような流れです。

学年	４〜５月で行うタスク内容・目的	形式
１年	初めて会う仲間に，自分のことを知ってもらうために，自分の名前・あだ名・誕生日・出身地等を伝える	ペア
２年	クラス替えをした新しいクラスの仲間に友人になってもらうために，写真や実物を見せながら，自分の趣味・好きな物（人）について語る	プレゼン
３年	面接官に自分の良さを売り込むために，自分の経験を交えながら，自己PRを表情・ジェスチャー・イントネーション等を意識して訴えかけるように伝える	ペア

　１年生はまず，基本的な情報を伝える自己紹介になりますが，２年生では，より深い交友関係を作るために，自分の好きな物や人について写真等を用いて語るミニプレゼンテーションを通して，人間関係を構築するのが目的です。３年生になると，進学や就職の面接を控えている生徒が多いので，自分の宣伝をする目的での自己紹介となり，より自分の強みをアピールするための内容・語り方となっていきます。

多様な評価のあり方

　私が英語で実践したタスクは，1年で「英語スキット」，2年で「SDGs修学旅行に関わる英語プレゼンテーション」，3年で「英語劇と英語スピーチ」としました。学年が上がるにしたがってタスクレベルは上げていきます。各学期でもパフォーマンステストを行い，教員による評価と振り返りシートを用いた**自己評価と学習者間の相互評価**を行います。グループ内発表→クラス内発表→学年発表というように段階を

踏んで，発表に慣れさせるようにします。発表を聞いている学習者は，発表者の良いところともう少し改善した方がよいところを付箋で書き出し，発表後に貼りに行ってもらいます。これで，他者から見て，自分の発表はどうだったのかを振り返り，**自己評価を深める**材料ができます。

　また，右のようなシートを用いて，各観点での教員による評価を見て，自己評価と照らし合わせ，「評価を見てどう感じたのか（自己評価との一致度）」を確認し，次回に向けて良くしたいところを記述させます。

こうした自己評価を年間で蓄積してポートフォリオ化し，年度末に「**この1年間で何ができるようになったのか**」を生徒自身が把握できるようにします。毎回の自己評価内容を踏まえて，その後のタスク遂行にあたっての力が向上しているとみなせれば，一定の評価ができます。

　進路多様校では生徒はペーパーテストでの点数が取れません。こうした一

律のテストのみで評価するのではなく，**多様な評価**のあり方を検討することで，苦手意識を持った生徒にも，**頑張って取り組めば評価されるという経験**を積ませることができ，次なる学習への動機付けにつながります。何よりもlearning by doing（使うことで学ぶ）（田中，2005）の実践により，無味乾燥で強制的に書写等をやらせられる「勉強」が，**達成感を伴う「学び」**に変わるのです。書くことが得意な生徒もいれば，声に出すことが得意な生徒，全身で表現することが得意な生徒等，生徒は多様です。定期考査による一面的な評価ではなく，生徒の強みに注目して多面的な評価ができる工夫をしていきましょう。

発表をあたり前にする

皆の前で発表するのが得意という生徒はなかなかいません。ましてや，進路多様校の生徒は中学校時代，落ちこぼれてしまい，そうしたチャンスがなかった生徒たちが多く在籍しています。そんな生徒たちも，訓練を積めば，堂々と前に出て話ができるようになります。授業では，右のようにペアで意見交換し，前後左右の人と1対1でコミュニケーションが取れるようになっ

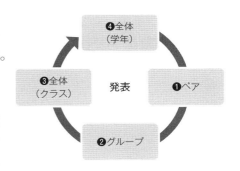

たら，今度は小グループ（3～4人）→中グループ（5～6人）のようにグループのメンバーを増やしていき，その中で発表をさせます。そこで自信がついてきたら，今度はクラス全体の前で発表させます。その後，クラスを混ぜて，他クラス生徒に発表させたり，最後は学年全体で発表させたりします。ここでのポイントは，特定の誰かではなく，**全員が責任主体となって，全員に発言させる**ことです。どんな発表でも否定せず，本人が前に出て勇気を持って話をしていることに敬意を払い，発表後は称えて**皆で拍手する雰囲気**を作ることが大事です。教師はフィードバックとして，「良かった点」と「も

う少しこうするとさらに良くなる点」を伝えるとよいでしょう。

学校行事と関連させ，タスクを工夫する

ジョン・デューイは『学校と社会』の中で，「教科の分断化」を指摘しています。学校の教育活動は教科ごとに行われるものではありません。体育祭，文化祭，合唱祭，修学旅行等，様々な特別活動が行われます。一連の**学校全体の教育活動と教科の授業が関連**していくことも大切です。例えば，沖縄に修学旅行に行くとしましょう。在籍している学校の ALT の先生が沖縄に行ったことがないとします。この状況で，「ALT の先生に私がお薦めする沖縄の魅力」を写真に撮って紹介するというタスクを提示します。ALT の先生には，「その生徒の発表を聞いて，どのくらい沖縄に行きたくなったか」という観点で評価をしてもらいます。このように，学校行事や生徒の日常の生活経験と関係づけて，生徒がやる気になるタスクを工夫することも大切です。

希望を源泉にモチベーションを高める

1 年生の年度初めに必ず，「もし英語が話せたら…」というお題で，グループでアイディアを思いつくままに出させます。9 割の生徒が，英語が苦手な状態で教室にいますが，このお題に対して多くのアイディアが出てきます。「字幕なしで映画が見られる」「海外の人と話せる」「通訳の仕事ができる」「英語の先生になる」「外国の人とゲームができる」「外国に行く」「旅に出る」「外国人の彼女ができる」…つまり，どの生徒も「英語ができるようになったら良い」という希望は持っているわけです。その希望を失わせないように，少しでも英語が**「できた」という感覚**を持たせることが教科担当としての使命です。他の教科も同じです。授業を通して，「何のために学ぶのか？」「それを学ぶとこんな良いことがある」と**実感を伴う経験**をさせることが理想です。

少し大変なことでもチャレンジさせることが生徒の成長にとってプラスになると考えます。「頑張りたい」という気持ちを心に秘めている生徒もいま

す。そうした生徒にいかにアプローチできるかが教師にとって重要です。私が担任したクラスの生徒で，英語が苦手で，中学時代も様々な問題行動を起こしていた生徒がおりました。その生徒は複雑な家庭環境を経て今ここにいるエピソードを語ってくれました。その生徒は英語に自信がなく，舞台に出て話したこともないような生徒でしたが，私は自分の経験をスピーチにすることを彼に提案し，躊躇していたものの，取り組んでくれました。彼の父親は刑務所に入っており，母親は不治の病で自分の出身国であるタイに戻って最後を迎えたいということで，彼は，幼い頃にタイに行き，タイで母の死に直面します。そして，母が過ごしたタイか，父のいる日本で暮らすかという選択に迫られ，日本を選び，今ここにいて，自分がした「選択」に責任を持って過ごしていきたいということを伝えてくれました。声が小さかったのは難点でしたが，放課後に残ってスピーチを作り上げ，皆の前でスピーチをしたことで，審査員の方からも賞をもらうことができ，少し自信もつき，不安だった進級・卒業をすることができました。

感情理解のための劇の利用

　進路多様校では，自分の感情のコントロールをできない生徒がおり，怒りが爆発してしまったり，相手の気持ちを推し量れない発言をして人間関係が崩れたりすることがよくあります。私が1年次に英語劇を行わせた意味としては，**自己および他者の感情理解**を促すためでもあります。つまり，劇のストーリーとセリフを考え，セリフを発するときに，人間関係，立場，その人が置かれた状況を想像して，適切な感情を込めた表現をしていく必要があります。生徒にスク

リプトを書かせる際には，セリフを書かせた後，その状況でどんな感情になるのかを想像させ，どんな行動・声のトーンになるのかをワークシートに記

述させて，劇の演技に反映させます。例えば，道を歩いていて相手の「肩があたった」際に，状況をどう捉えたかによって感情は変わっていきます。自分のせいで当たったと考えたら，「ごめん」という心からの謝罪になりますが，相手が故意に当たってきたと捉えた

場合，「ふざけんな」という怒りから喧嘩に発展する場合があります。You can do it. というセリフも「母親が，入試前に生徒を送り出す状況」「A君が，好きな人にラブレターを渡そうとしているB君に肩を叩く状況」「試合中に先生が皆に叱咤激励で伝える状況」「落ち込んでいる友人を励ます状況」では感情の込め方やセリフの伝え方が異なるはずです。こうした劇のセリフの作成を通して，同じ出来事でも，状況の捉え方によって起こる感情が異なることや，同じセリフでも状況が変われば，どんな感情や声のトーンで伝えるかは変わるということを学ばせることができます。

成果発表を工夫する

　学年末に体育館等で，学年全体や全校生徒の前で発表を行うことは大変なことですが，互いに**高め合う学習集団**を作る上において有効だと考えます。後輩がいれば，先輩が自信を持って堂々と英語で話をしていることに憧れを持って，自分もこうなりたいと英語学習への動機付けにつながる可能性も秘めています。舞台に出る生徒はこれまでの各クラス発表で他己評価をしてもらい，選抜されたメンバーになります。舞台に出る生徒たちは一生懸命頑張りますが，肝心なのは見ている側です。見ている生徒の大半は英語が苦手です。英語が苦手な生徒が英語の発表を聞かされ，退屈してしまい，だんだんとだらけてしまうことがあります。舞台では緊張しながらも頑張っている生徒に対し，そうした姿勢の生徒がいると，頑張った生徒もがっかりしてしま

うでしょう。そこで，見ている側も飽きずに，「私も頑張ってみようかな」という次の学習への動機付けにつながるような成果発表にしたいものです。成果発表にあたっては，次の工夫をしてみましょう。

---

(1)各学年・各学期で行った様々なタスクを入れ，バラエティに富んだ構成にする。

(2)MC に英語が得意な生徒を選抜して，場を盛り上げさせる。

(3)写真や動画を見せるなど，視覚教材も利用する。作成した動画を見せる場合は，必ず見せる前に見どころを言わせる。

(4)言葉だけでなく，全身で表現できる発表にする。

(5)後輩にも影響力のある生徒を舞台に立たせる。

(6)外部の審査員から表彰して頂く。

　例えば，英語が苦手な生徒であっても，歌が得意で声が大きい生徒がいれば，舞台上で歌わせてみるということも有効です。1人だと勇気がいるので，複数でパートを分けて自分のパートだけは完全に暗記して，皆に歌声を披露するということができれば最高です。特に，(5)がポイントで，少し元気でヤンチャな生徒を舞台に出させます。生徒には，「後輩も見ているから，モデルぞ」と伝えて乗り気にさせます。特にヤンチャな生徒間では先輩と後輩のタテのつながりを意識しています。問題行動を起こしがちな元気で影響力のある先輩が舞台上でカッコ良く歌っていたら，やる気がない同じような雰囲気を持つ後輩も「やってみようかな」という気になり，次年度の授業への取り組みの動機付けともなるでしょう。

　また，発表をリアルなものにするために，大学教授等の外部審査員を招聘して審査・講評をして頂き，生徒の表彰もして頂けるようにするとよいでしょう。**外部の先生からの評価**を得られることは生徒の自己肯定感向上にもつながります。やらせなければ生徒の力は伸びません。少し大変ですが，様々なことに果敢に挑戦し，取り組みながら成長する生徒の育成をしましょう。

> 定期考査

29 定期考査の作成のポイントは？

・定期考査を作成していますが，作成する際に気を付けた方がよいポイントはありますか？

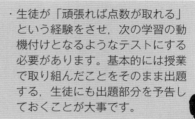
・生徒が「頑張れば点数が取れる」という経験をさせ，次の学習の動機付けとなるようなテストにする必要があります。基本的には授業で取り組んだことをそのまま出題する，生徒にも出題部分を予告しておくことが大事です。

定期考査の作成

　進路多様校に入学してくる生徒は，中学時代に落ちこぼれてしまい，50点以上の点数を取れた生徒はほとんどいないのが現実です。そこで，高校での定期考査で重要なのは，生徒が「<u>頑張れば点数が取れる</u>」問題であることです。授業をきちんと受け，復習をすれば，高得点を取ることができ，それが次への学習の動機付けとなるように配慮する必要があります。目安としては，<u>平均点が60点以上</u>となるようにテストを作成しましょう。

　高校で頑張っている生徒に話を聞くと，「中学校時代には英語は30点台だったが，高校に入ってから90点以上を取れるようになった」という声をよく聞きます。中学では，生徒のレベルも様々であり，ついてこられなかった生徒も，「学び直し」の高校では，トップを目指せる可能性があり，チャンスが広がっていきます。成績も中学と比べ物にならないくらい良くなったという生徒も多いです。

定期考査の構成

　観点別評価を考慮して定期考査を作成します。英語での例だと以下のよう

な構成になります。

知識・技能

・単語帳等で学んだ小テストでも行っている範囲の1問1答（30%）

・教科書や補助教材で扱った問題とほぼ同一の文法問題（20%）

・教科書本文の語彙・慣用表現に関する穴埋め問題（10%）

・アクセントや発音等に関する設問（5%）

思考・判断・表現

・教科書本文で重要な英文を正しい語順で並べ替える問題（10%）

・教科書本文の内容理解に関する設問（10%）

・パフォーマンステストで行った英文のライティング問題（15%）

　パフォーマンステスト（実技）で，口頭で覚えた英文は**出題することを予告**しておき，覚えて書けるようにしておけば，15点分点数になることを伝えておきます。また，授業で扱った問題等を基本的には大幅に変えずに，そのままの形で出題するようにします。教科書を重要語彙や慣用表現に着目して何度も音読練習すれば穴埋め問題もできるようになります。記述問題になると正答率が一気に下がります。記号問題が多めの方がよいでしょう。採点がシンプルにできるように，1点か2点問題としておきます。

解答欄の工夫

　解答用紙は印刷する前に，1回手書きで書くことで気づくことがたくさんあります。解答欄のスペースは小さいと生徒が困惑してしまうので，余裕を持って作成しておきます。記号と記述ではスペースの大きさを変えましょう。また，進路多様校は外国にルーツがある生徒や識字障がいのある生徒もおり，ルビ振りが必要になる場合があります。生徒はコンプレックスを抱えている場合があり，特定の生徒だけルビ振り問題にするのではなく，一律でルビ振りをしてある問題を配布するという形にする場合もあります。

定期考査

30 生徒が点数を取れるようにするためには？

・生徒が点数を取れるようにするために工夫できることはありますか？

・記述問題は細かい減点方式を取らず、ルーブリック評価をして生徒の努力を評価できるようにしましょう。また、設問数を多くし、10分くらい余るように考査問題を作成しましょう。

配点は小さめに・設問は多めに

　生徒が点数を取れるようにするためにはまず，配点を大きくしないことです。2～3点問題が多くなると，複数間違えてしまうと減点による傷が深くなります。1点問題を多めにすると，採点が面倒という先生もいますが，生徒にとっては減点幅が小さく，先生にも部分点を与える必要がないため，採点が楽になります。2点目は，今述べたことと重なりますが，1点問題を多くして設問数を増やすことです。試験時間が10分ほど余る問題を作ることが大切です。進路多様校の生徒は最後までじっくり見直しをする生徒はほとんどいません。試験監督をしていると，設問数が少ないあまり，試験20分が経過すると7割以上が寝ているという状況もよく見受けられます。また，時間が余り過ぎると手持無沙汰な生徒は，トイレに行ってしまいます。

記述問題の採点

　配点が高めの記述問題を採点する際に，枝葉末節に捉われて，英語ならスペルミス，文法ミスを細かく減点していくと，あっという間に点数が0点となってしまいます。しかし，生徒がたくさん書いていれば，その努力を評価

してあげたいものです。そこで，以下のような**ルーブリック評価**を採用し，細かい点は見ず，英語（文法・語彙・スペル等）と内容（設問に正対して答えているか）的な観点から A～C，F で評価をし，採点をしていきます。例えば，合計が10点の英作文問題だとすると，以下の表に基づけば，英語と内容が A であれば10点満点となります。

	English（英語）	Contents（内容）
A （5点）	文法のミスがほとんどなく，使っている英語も適切である	指定された語数で設問の趣旨に整合性があり，わかりやすく詳しく述べている
B （3点）	いつくかの文法のミスや不適切な語の使用がある	設問の趣旨に合った内容を述べている
C （1点）	文法のミスや不適切な語の使用が多く内容が読み取れないか，読み取るのに読み手がかなり努力を要する	設問の内容と合っていない，または内容からずれている
F （0点）	無回答あるいは全く関係のない文を書いている	無回答あるいは全く関係のない文を書いている

考査心得の順守

　考査心得の順守は徹底しましょう。スマホが鳴ってしまうと，不正行為扱いの特別指導となってしまいます。スマホは電源を切ってロッカーの中，机の中に物を入れない，机の上は落書きなしで，鞄はチャックを閉めて椅子の下に置く等のことを口頭で1つ1つ確認して問題配布を行います。問題配布してからの私語も厳禁です。考査中も挨拶をきちんとすると雰囲気が引き締まります。黒板には考査心得・時間割を掲示しておきます。途中退出等は時間等を記録しておきます。教卓の前で座っている時間は少なくし，机間巡視をし，前後から監督し，**不正行為を未然防止**する体制を作ることが大切です。

学校行事

31 行事が盛り上がらないときは？

・文化祭，体育祭，合唱祭の準備が始まっていますが，やる気のある生徒が少なく，行事が盛り上がりません。どうしたらよいでしょうか？

・1年生はやり方がわからないことが多いので，少し担任の支援を入れながら，計画的に準備をさせましょう。また，行事の当日は先輩の姿から学ばせ，行事後は振り返りをさせることで次につながるものになります。

一生懸命になった経験がない

　進路多様校では，行事に対する生徒もモチベーションが低く，準備がなかなか大変です。中学校まででリーダーシップを取った経験がある生徒もほとんどおらず，何をやったらよいかわからない。そして，これまで何かに一生懸命になって成し遂げた経験が乏しい生徒が多いため，そこに価値を見出せないのです。そこで，最初はある程度，担任がリーダーシップを取って，生徒が活動できるように支援していく必要があります。進路多様校の行事における担任の役割は重大です。行事を通して，皆で1つのものを作り上げる楽しさや喜び・達成感等を味わえるように支援していくことが重要です。

何のために行事があるのか？

　文化祭，体育祭，合唱祭が高校における三大行事ですが，行事は何のためにあるのでしょうか？　行事の際に思い出させて欲しいのが4月当初に立てたクラス目標です。**クラス目標を，行事を通して実現**できるように1人1人がどんな行動をするかを考えさせてください。問題が発生した際には，クラス目標と照らし合わせて問いかけを行いましょう。クラス委員が「残ってく

82

ださい」と言っているのに，何も言わずに帰ってしまう人がいたら，「君は相手の気持ちを尊重し，何事にも全力で取り組もうという目標を実現できている？」という問いかけを行います。トラブルが起こったときこそ，皆で原点に戻って話し合うという姿勢を忘れないようにしましょう。

1人1人に大切な役割がある

「自分には関係ない」「面倒くさい」といって協力しない生徒が必ずいます。それを防止するためには，1人1人に役割を与えることです。劇であれば，演者・ダンス役・装飾担当・衣装担当・ポスター広報担当等，自分の強みを活かせる役割を選ばせ，責任持ってやり遂げさせます。HRでは，準備状況の報告をさせて責任を持たせます。私は，One of them（皆の中の1人）になるのではなく，Only one（あなただけ）になりなさいとよく伝えていました。「あなたにしかできない何か」でクラスに貢献して欲しい。クラスであなたがかけがえのない大切な存在であるのだということを認識させます。

学年で切磋琢磨する

文化祭であれば，学年でやることを揃える（例えば，劇）と，クラスの個性や違いが出て面白く，お互いの対抗心を燃やしながら取り組むことができます。合唱祭や体育祭はクラス対抗にもなるので，他クラスを意識して「勝ちたい」「うちのクラスはもっと練習している」「団結力では負けない」という想いが出て切磋琢磨することができます。

先輩の姿から学ぶ

学校行事はとても大事です。進路多様校では1年生の合唱祭指導が大変です。なかなか声が出ません。本番ですら，本当に歌っているのかという有様です。姿勢もフラフラしたりヘラヘラ笑いながら歌う以前の状況だったりします。しかし，学年が上がるに従って合唱のレベルが上がっていきます。3年生になると，本当にこの日にかけてきたのだという真剣な表情。指揮に合

わせて一斉に脚が揃って開き，ホール全体に歌声が広がります。クラスの団結力が伝わってくる合唱になります。最優秀賞を取ったクラスや惜しくも入賞がかなわなかったクラスも涙を流す，そんな光景が広がります。1年生にはその先輩の姿を見てどう思うかということを問いかけます。**一生懸命になれるというのは価値があること**だということを先輩の姿から生徒は学んでいきます。学校行事の意味はまさにここにあるのです。自分たちも3年生になったらあのような姿を目指そうという気持ちに少しでもなれたら，1年生にとっては良い学びの機会になります。合唱祭等の行事指導は苦労しますが，3年間の成長が一番如実に表れる行事だと思います。

　生徒には行事に取り組む際に，「最優秀賞を目指すが，そこが目的ではない。あくまでも目標だ。それより大事なのは一生懸命取り組むことで**価値のある成功／失敗経験をしよう**」と伝えています。「一生懸命やらずに失敗するのはカッコ悪いけど，一生懸命やって失敗してもそれは次に生きる価値のある失敗になるはずだ」ということです。

準備の方法・スケジュール管理

　進路多様校では，**見通しを持って準備**をするのが苦手な生徒が多く在籍しています。そこで，2カ月前からカレンダーを学級通信や掲示等で示しながら，残り何日準備に使える時間があるのか等を意識させます。委員の生徒とはそれを元に「**いつまでに，何を，どこまで**」を考えさせ，放課後に残って欲しい日等を予め皆に伝えておくようにと指示を出します。生徒がよく「皆が残ってくれない…」と言ってくることがありますが，

月	火	水	木	金	土
9/4	9/5 オンライン	9/6 指定校・公募 説明会（放課後）	9/7 就職説明会 1日目	9/8 ☆検査〆切（全員）	9/9
9/11	9/12 第2回 推薦願・誓約書提出	9/13 第2回 校内選考 壮行会	9/14 文化祭まであと 9日 ←就職面接指導→	9/15 あと8日	9/16 ☆就職試験 選考開始
9/18 敬老の日	9/19 あと7日	9/20 あと6日	9/21 あと5日	9/22 秋分の日	9/23
9/25 あと4日	9/26 あと3日	9/27 文化祭準備③〜⑤ あと2日	9/28 文化祭準備①〜 ⑥あと1日	9/29 文化祭本番 1日目	9/30 文化祭本番 2日目
10/2 文化祭片付け 体育祭準備⑥	10/3 体育祭準備⑤・⑥	10/4 体育祭予行	10/5 体育祭	10/6 振替休業日	10/7

多くは，その日に急に残ってくださいと言っているからです。当日急に言われてもバイトなどの都合で残れない生徒がいるのは当然です。1〜2週間前

に「○○日は△△の役割の人は残ってください」「○○日は全員残ってください」というように帰りのHR等で事前に言わせることが大事です。

　文化祭の「買い出し」も必要になる度に行くのは，時間のロスです。なるべく1回で済むように，何が必要なのかを各担当から洗い出しをさせてから買い出しリストを作って行かせるようにしましょう。

行事の後の振り返りが大切

　何事もそうですが，経験させた後はやりっ放しにしないことが大事です。必ず，行事を通して得た学びを言語化させましょう。右上は1年生の文化祭後の感想の一部です。行事を通して何を学んだのかが言語化されています。その中でも，反省点と次に向けての決意が書かれているものもありました（右中）。

　上級生の姿を見て，来年はこうしてみたいと，自分たちの課題を更新していけるような目標を立てられたら，次につながる貴重な経験になります。

　右下は3年生の最後の合唱祭で惜しくも最優秀賞を逃したクラスの感想です。生徒が結果だけでなく，**自分たちの取り組んできたことに誇り**を持っていることがよく伝わってきます。そして，「**悔しい**」という感情が出てくるのも一生懸命取り組んだからこその感情で大事にしたいものです。

> ・今回の文化祭で得たものは，皆と協力する大切さと，自分の仕事をやりぬく重要性を学ぶことができました。
> ・惜しい点がたくさんあったとは思いますが，クラス一人ひとりがそれぞれどこかで活躍できた文化祭だったと思います。

> ・2年生の動画のレベルが高くて，編集にもこだわっていて楽しそうで，印象に残っています。私のクラスは，動画の撮影がギリギリで編集が間に合わなかったのが反省点です。...3年生になったときに後悔のないように，今の自分にできることを精一杯やって，最高の文化祭にしたいと思います。

> ・どこのクラスよりも練習を頑張ったと思ってたので，負けたのがすごく悔しかったけど，いつもの練習より，本番が1番上手くいったと思ってます。いつも以上にみんな声が出ていました。アルトの声が聞こえました。

▶ 学校行事

32 生徒の「成長」を可視化するための「振り返り」とは？

・行事ごとに感想を書かせていますが，効果的な振り返りにするためには何に気を付けたらよいでしょうか？

・1年次からの行事の振り返りを記録しておくと，自身の中でどのような変化があったのかを分析できます。そのために，そのときの心の葛藤も入れながら，行事を通した自身の変化についても語れるよう指導するとよいでしょう。

生徒の学びを可視化する

　学習面・生活面・行事面でも，自分の成長を可視化する振り返りが大切です。「何ができるようになったのか？」を学習や行事を行った前後でチェックさせます。できるようになったことが増えたら取り組みが成功していますし，変わらなければ，変えていくためにどうしていくかを次に向けて検討する材料となります。下の表は1年間の英語の「学び直し」授業の前後で自己分析をさせた表です。項目は具体的に記載しておくことがポイントです。

	5月	7月	12月	3月		5月	7月	12月	3月
アルファベット（大文字・小文字）が正しく書ける。					一般動詞は，主語によって，動詞の形が変わることが理解できている。				
英語の書き方のルール（文頭は大文字，文末にはピリオドをつける，単語の間にはスペースを空ける etc）を意識して書ける。					一般動詞の現在形・過去形（do, does, did）の疑問文・否定文を正しく作ることができる。				
品詞（名詞・代名詞・形容詞・副詞・動詞・前置詞）の違いがわかる。					一般動詞の過去形の作り方（〜ed）を知っており，不規則変化動詞（bought）などが正しく書ける。				
be 動詞（is, am, are/was, were）を正しく使い分けられる。					be 動詞と一般動詞の区別ができる。				
be 動詞の疑問文や否定文を作ることができる。					英語の語順（主語＋動詞）を理解して，文を組み立てられる。				
	54321で記入					54321で記入			

　また，考査返却後等に結果を見て，考査に向けた準備を具体的に言語化させましょう。以下は良い結果が出た生徒の振り返り例です。

出るよと言われたところは何度も繰り返し見直したり解き直したから良い点が取れたと思う。数学があれだけわからなくて諦めかけてたが前日の21時頃に初めて理解して，ワークを3周以上はしたから上手くいったのかな。

講演会後の振り返り

　講演会やワークショップで講師の方に来て頂き話を聴く機会があります。**学びを内在化**させるためには，話を聴くことによって自身にどんな変容があったか，どんなことを考え，感じたのか，印象に残った言葉は何か等を自身に問いかけながら振り返ることがポイントです。

行事後の振り返り

　振り返りを感想文等で提出させる場合は字数指定が有効です。その際に，具体的な情景が思い浮かぶように，心の**葛藤や感情の変化**も入れながら書き，**ある結果になった理由や工夫したこと**も**自己分析**して書けるとよいです。

大縄の練習では，10回連続で跳ぶのがやっとで不安で仕方なかった。回す人や並び順を変えて直前まで練習を重ねた。体育祭当日は今までで最高の連続46回も跳べて正直びっくりしたが，皆で大喜びした。皆の気持ちが1つになったからこその結果だと感じている。

自己への気づきを未来につなげる

　行事を通して，自己の課題への気づきが生まれることもあります。これを大事にし，未来につなげていくことが大切です。そのために**記録**をし，振り返ることで，3年間を通しての**自己の変容**を語れるようになります。良い振り返りは全体の場で生徒に事例として見せて，良いポイントにコメントすると，生徒は書き方を学んで多くの文章を書けるようになります。

自分の中で周りをしっかり見てまとめる力があるとは思っていたが，今回に関しては少し足りなかったかもしれない。今後は，更にどうすれば良いかを考えて行動できるようにこれから力をどんどんつけていきたい。今回，自分に足りない部分を改めて発見し，考え直すことが出来て良かった。

▶ 課外活動

33 何のための校外学習？

・校外学習はいつ頃，どんな目的で，どんなことに注意して計画・指導したらよいでしょうか？

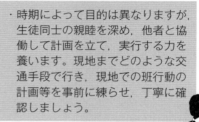
・時期によって目的は異なりますが，生徒同士の親睦を深め，他者と協働して計画を立て，実行する力を養います。現地までどのような交通手段で行き，現地での班行動の計画等を事前に練らせ，丁寧に確認しましょう。

校外学習の時期と目的

年に1〜2回，各学校で校外学習が行われると思います。学校ごとに内容や時期も異なりますが，以下のようなものがあると思います。

学年	時期	内容	目的
1年	4〜5月	新入生レクリエーション	新しい環境で，新しい仲間と協働作業を行うことで学年・クラスの親睦を深める。
2年	4〜5月	遠足	新しいクラスでの生徒同士の交流を深め，行事や総合探究を協力して意欲的に取り組むための団結心を養う。
2年	10〜11月	修学旅行集合練習＆班別行動練習	①修学旅行の集合場所の確認をする。②班別行動，公共交通機関を利用する練習を行う。
3年	12〜2月	卒業遠足	高校生活の終わりを控え，集団行動を通して，学年・クラスの懇親，思い出づくりを目指す。

校外学習は，探究の時間とも関連させるとよいです。クラスの親睦を深め

るとともに，他者と協働して計画立案する力や協力して課題解決のために取り組む力を実際のフィールドで体感させたいですね。私は校外学習では，生徒に視点を持って街を見て，学校周辺の地域と比較するように伝えています。例えば，「○な写真と×な写真を撮ってこよう」という課題を課します。「○な写真」とは，「街の独特の魅力が詰まった写真」で「×な写真」とは，「街の課題が感じられる写真」です。ただ楽しむだけでなく，<u>視点</u>を持ってフィールドに行けば，風景の見え方が変わり，学びや発見につながります。

現地までの行動計画を立てさせる

進路多様校の生徒は，金銭的な制約もあり，遠出をしたことがない生徒が多く在籍します。電車やバスを乗り換えて現地まで行くのも初めての場合があります。そこで，<u>①現地までのルートを調べさせる（所要時間・乗り換え駅・費用）②現地での行動計画を立てさせる</u>ことを丁寧に行っていく必要があります。何かあった際に連絡が取れるよう，班員と連絡先も記載させます。①・②ができたら，教員に見せて確認するようにします。**集合時間よりも前に余裕を持って到着**できるスケジュールか，乗り換え時間に余裕があるか等を確認し，班別行動は1か所に留まるのではなく最低でも3か所の場所を訪れるようにし，チェックポイントや集合時間に間に合うスケジュールかを確認します。班別行動の際は，集合・チェックポイント2か所程度・解散場所等を用意し，時間・場所を伝えておきましょう。実際の集合場所の写真も見せ，しおりにも記載しておくとよいでしょう。

行動計画表の例

> 課外活動

34 校外学習での注意点と事後指導は？

・生徒が校外学習の集合時間に遅れました。楽しい思い出をぶち壊したくはないのですが，どうしたらよいでしょうか？

・校外学習での失敗を次の適切な行動につなげるために，遅刻してきた生徒には，なぜそのような状況になり，それを回避するためにはどうしたらよかったのか，そうなった際にどう対応するのかを考えさせるようにしましょう。

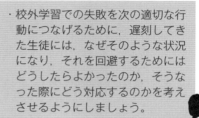

緊急連絡先を伝える

引率の際には，**緊急連絡先用の携帯**を予算で借り上げておき，事前学習で生徒に番号を伝え，メモをさせておきます。当日は学年の担当教員が常に持参しておきましょう。生徒には，**集合時間に遅れる場合や欠席の場合には必ず集合時間前に連絡を入れる**ように伝えておきます。道に迷った場合や体調不良者がいる場合等，困った際にもまず連絡を入れることを徹底させます。

修学旅行の集合練習は必須

修学旅行では，新幹線や航空機を利用する場合が多いと思います。慣れていない生徒はぶっつけ本番だと，集合場所がわからず，迷ってしまうことがあります。そこで，2年生の遠足では，修学旅行の集合場所に集合する練習を必ず行いましょう。班全員が集合して班別行動に移ります。チェックポイントでは班員全員がいることを確認します。

自分たちの行動をよく振り返らせる

チェックポイントや集合・解散の際の時間に遅れてしまうことはありがち

です。**遅れそうな見通しがあるときは電話をする**ことはもちろんのことですが，無断で遅れてくる生徒もいます。楽しみ過ぎて時間を忘れてしまう，道に迷う，自由行動中に班員がバラバラになる等の理由です。初めての場所では，迷うことも想定して時間に余裕を持って行動することや，集団行動なので自分勝手な行動は周りに迷惑をかける等のことをよく振り返らせましょう。修学旅行では，遅れてしまった場合，航空機や新幹線に乗れず，参加ができなくなることにもつながります。このことをよく伝える機会としましょう。

1枚の写真から「体験の言語化」をする

　前項でも述べましたが，校外学習では「私の1枚」ということで，「魅力的 or 課題だと思った写真」を撮り以下の内容を盛り込んで1分で語るという課題を課しました。

> (1)どこで，いつ撮った何の写真なのか？
> (2)どこが魅力 or 課題だと思ったのか？
> (3)写真に込めた自分の想い，気持ち

　プレゼンテーションでは，スライドに文字情報があり，それを参照して語ることができますが，「1枚の写真」には文字情報がありません。しかし，だからこそ，見る人の想像力を掻き立て，発表者が写真に自分の解釈を言語化して語ることができるのです。1枚の写真を発表者がどう価値づけしているのかを知ることができるのと同時に，発表者が写真に込めた想いを言語化する訓練となります。そのために，1枚の写真をどう語るかを教えておく必要があります。逆三角形のイメージで全体（何であるか）から細部（写真のどの部分に注目して欲しいのか，自分の想い）へズームインしていく形で説明するとわかりやすい発表となります。現地で同じような体験をしていても着眼点や視点に多様性があり，発表を通じて新たな気づきが生まれ，教室全体の学びが深まっていくことがポイントです。

生徒指導（日々の指導）

35 生活指導は何のためにある？

・生活指導というと，「問題行動」や「校則を守らせる」ことがイメージされますが，何のためにこの指導があるのかを生徒にどう伝えたらよいでしょうか？

・なぜ，社会にはルールがあるのかを生徒に考えさせ，ルールの背景にある先生の願いを生徒に伝えていくことが大切です。対症療法的にならないようにしましょう。

卒業後の生き方を支える生活指導

　生活指導のための生活指導であってはいけません。つまり，生活指導を行う教員も生徒も何のための指導なのかを納得できていなければ効果的な指導はできないということです。文部科学省の『生徒指導提要』（令和4年12月）には生徒指導の目的を次のように定めています。

　生徒指導は，児童生徒❶<u>一人一人の個性の発見とよさや可能性の伸長と社会的資質・能力の発達を支える</u>と同時に，❷<u>自己の幸福追求</u>と❸<u>社会に受け入れられる自己実現を支える</u>ことを目的とする。（下線は筆者）

　このように，生活指導は，即時的なものではなく，生徒がより良い人生を送るために必要な力を身に付けるために行われるものという長期的な視座に立つことが重要です。さらに提要では，「生徒指導において発達を支えるとは，児童生徒の心理面（自信・自己肯定感等）の発達のみならず，学習面（興味・関心・学習意欲等），社会面（人間関係・集団適応等），進路面（進路意識・将来展望等），健康面（生活習慣・メンタルヘルス等）の発達を含

む包括的なものです」との記載があります。ここからもわかるように，生活指導は，生徒を厳しく統制したり，罰したりするものではありません。また，何か問題行動を起こした生徒の対応だけを指すものではありません。日常的な生徒の学習面・社会面・進路面・健康面の発達を支えるものなのです。

自分も相手も幸せになるための生活指導

何のための生活指導なのかを生徒に伝えていくために，育てたい生徒像が反映された学年目標と関連させて意味づけすることが大切です。私が担任をしていた学年では，以下の生活指導のコンセプトを生徒に伝え，印刷して配布し，掲示して事あるごとに伝えてきました。

Ｙ（やり切る）・Ｄ（出し切る）・Ｋ（気づき＆決める）74期生を目指して
〜「自分の力を出し切り，最後までやり切って，自分の進路を決められる」人に〜
指導のコンセプト
◆教室にいる仲間が安心して気持ちよく授業を受けられるようにしよう。
　　→1人1人には「学ぶ権利」がある。この権利を侵害することがあってはならない。
◆身だしなみを整え，正しい言葉遣いで対応することを意識しよう。
　　→周りに流されず，良くないことは周りがやっていてもやらない。良いことは周りがやっていなくて
　　　も積極的に行う雰囲気に‼
◆場に応じて切り替えができる（＝メリハリのある）人になろう。
◆応援される人になろう。「感謝」の気持ちを忘れない。
　　→素直な気持ちを忘れない。「お願いします」「ありがとうございます」「ごめんなさい」が言える人に。
◆気持ちよく挨拶をしよう。（どんな人にも，どんな場面でも）
◆他者を思いやれる人になろう。
　　→自分たちが楽しいと感じていることでも他人にとって不快なことかもしれない。想像力を磨こう！
今年の重点目標
今，どのような場面かに「気づき」，言われなくても自らの身だしなみや行動を正せるようにしよう！

提要の❶・❷に関連して，皆が自分の良さを活かし，可能性を拡げていくことや，幸せを追求できる環境にしていくために，「自分だけが楽しい」ではなく，**周りも楽しいかどうかを思いやって行動できること，皆が安心・安全に気持ちよく生活ができる環境を整えていくこと**が大事だと伝えました。また，❸の「社会に受け入れられる自己実現」については，応援してもらえる生徒になるために，相手目線で「身だしなみ」「挨拶」「場に応じた切り替え」について意識するように事あるごとに伝えました。目指すべきは，自分の幸せを追求し，相手の幸せも願える人間力を身に付ける生活指導なのです。

▶ 生徒指導（日々の指導）

36 日常的な生活指導とは？（集会指導など）

・日常的な生活指導というと，まず何から始めたらよいでしょうか？その際の注意点があれば教えてください。

・「身だしなみ」「挨拶」「時間厳守」の3点です。課題がある生徒には声をかけて，その都度指導していくことが大事です。放置するといつまでもできるようになりません。

相手目線の「身だしなみ」

　まず，「身だしなみ」と「おしゃれ」の違いをしっかり理解させるところから始めましょう。「おしゃれ」は自分のためですが，<u>「身だしなみ」は相手を意識したもの</u>であるということです。「身だしなみを整える」とは，相手が不快に感じないような清潔感を備え，高校生らしい服装で，<u>場をわきまえられる</u>人かということも問われているのです。学校では学校という場にふさわしいマナーが定められています。学校で制服を着用しているときは，頭髪，装飾品，制服の着方（スカート丈やシャツ，ネクタイ等）に十分に注意して生活させたいものです。スカート丈が直っていなかったり，装飾品を付けていたりする場合は声をかけ，<u>「その場の立ち止まり指導」</u>で直すまで待っているという姿勢が大事です。その場で生徒が受け流すのを放置すると，後の指導が通らなくなります。まずは，指摘されたときに自分で改められる生徒を育てたいものです。最初は<u>粘り強く言い続ける</u>ことが大切です。そのうち，その先生の姿を見たら，言われる前に直すようになります。学年集会，式等では，「どういう場面であるか」をしっかり意識させ，身だしなみをいつも以上に自ら正せるように指導していきます。

時間を守ることの大切さ

　進路多様校では，遅刻が多い現実があります。まずは，時間を守って学校に来ることの大切さを繰り返し伝えます。時間を守らないことは，**相手の時間を奪っていることや相手からの信頼を失う行為**になります。

　遅刻指導の仕方としては，例えば，「月5回遅刻で学年指導とし，放課後に呼び出して各学年の先生から指導→5回目になった時点（累計の遅刻が25回を超えた生徒）は，生活指導部指導になり保護者連絡」というように**段階を踏んだ指導**をしていきます。

　無断遅刻・無断欠席が厳禁であることも伝えましょう。遅刻・欠席がわかった時点で学校に電話連絡を入れるように指導します。昼過ぎに起きてしまって，もう間に合わないからと言って自分の勝手な判断で休むといったケースもあります。そうした場合でも連絡を入れないと，先生は通学途中で何かあったのかと心配して電話をかけることになるという自分の行動の結果，想定される事態についても気づきを得られるよう，指導していきます。

気持ちよく挨拶すること

　昇降口に立って，生徒の顔色を確認するとともに，気持ちよく挨拶をしましょう。まずは教員側から積極的に挨拶することで，次第に自分たちから挨拶ができるようになります。「**挨拶は魔法のコトバ**」で，挨拶をされた方は前日にどんな嫌なことがあっても，良い気分になります。どんな人にも気持ちよく「**おはようございます**」，廊下で会ったら「**こんにちは**」，何か物を渡すときは「**よろしくお願いします**」，何かしてもらったら「**ありがとうございます**」と言えるようにしたいものです。教室でプリントを配るとき，無言で受け取る生徒が多いですが，「ありがとうございます」と言ってくれる生徒がいます。その際には皆の前で「気持ちの良い挨拶をありがとう」と伝えます。挨拶の輪を学校全体に拡げていきましょう。

95

生徒指導（日々の指導）

37 生徒が服装を正さないときは？

・何度言っても，生徒が装飾品を外しません。どうしたらよいでしょうか？

・まず，学年団全員が当該生徒に声掛けをしましょう。1人が頑張ってもうまくいきません。多くの先生から注意されると，生徒も装飾品を外すことが必要だと認識するようになります。

場をわきまえた身だしなみ・言動をすること

　生徒が言っても服装を正さない場合，「身だしなみを正すこと」が習慣になっていないことが考えられます。どの先生も注意をするという**組織的な対応**をすること，注意をしたら，直すまで立ち止まらせること等の教員の覚悟が求められます。習慣化されるまではなかなか根気のいる作業ですが，こちらが諦めては生徒の思う壺です。大事なのは，少なくとも学年団全員が同じ方向を向いて，皆で注意をすることです。

職員室・進路指導室の入り方

　職員室・進路指導室に入室するときには，**意識のスイッチをオン**にして，**正しい身だしなみ・言葉遣い**で対応することを日々，伝えていきます。職員室や進路指導室の前には「**職員室の入り方**」の掲示をしておき，入る前に常に確認をさせます。新入生が校舎案内で職員室を回るときも，何人かに実際に入室場面をやってもらうようにしましょう。こうしたことができるようになると，3年生の進路活動で面接の入室のときも役立つということを伝えます。進路多様校の生徒はとにかく馴れ馴れしく話をしてきます。「しゅんち

ゃん」や「しゅんしゅん」「なかしゅん」等とあだ名で呼んでくる生徒もいます。普段の会話の中では，彼らなりのコミュニケーションの取り方なのである程度尊重しますが，正式な場面（学校では，職員室や進路指導室）では不適切で，正しい言葉遣いで対応することを伝えます。遅刻等で職員室を生徒が訪れる場合も，毎回確認して，正しくなければ正させ，やり直しまでさせます。できるようになったら，是非，褒めてあげてください。

①身だしなみを整える。
- ✓ 制服は正しく着ていますか？（ネクタイ・リボン・ブレザーの正しい着用・シャツは入れてあるか）
- ✓ コートやジャンパーは脱ぎましたか？
- ✓ 装飾品はつけていませんか？
- ✓ スカートを短くしていませんか？
- ✓ 化粧はしていませんか？
- ✓ イヤホン・マフラーは外しましたか？
- ✓ 鞄は外に置きましたか？

②ドアをノックする。（3回）
③「失礼します」と言い，一礼する。
　→入室してからドアを閉めましょう
　→大きな声で挨拶しましょう
④氏名と用件を正しい言葉遣いで伝える。
　→「○年○組○○　○○（名前）です。」「○○先生はいらっしゃいますか。」
⑤「失礼しました」と言い，一礼して進路指導室を出る。

学年指導は学年団全員で行う

　生活指導では，**段階を踏んだ指導**が大切です。まずは，担任指導でしっかりと生徒に向き合います。それでも改善されない場合，学年指導になります。その後は生活指導部指導，校長説諭，特別指導という形で段階を踏んで指導していきます。

　なるべく，学年指導で止めたいものです。**学年指導は学年団全員体制**で生徒を囲んで行いましょう。生徒には学年団全員が来るくらい深刻な事なのだという雰囲気を伝えます。指導では身だしなみ・挨拶等をしっかりさせてから，今回呼ばれた経緯等を**生徒自身に言語化**させ，良くなかったところを生徒自身が気づけるようにします。その後，学年担任団が1人ずつ生徒に対する想いを伝えて，振り返りと今後の約束を書かせ挨拶をして終了となります。

生徒指導（日々の指導）

38 盗難が多発するときは？

・学年で盗難が多発しています。盗難をどう防止したらよいでしょうか？ また，盗難された生徒にはどのような対応が必要でしょうか？

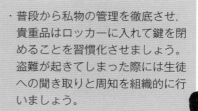
・普段から私物の管理を徹底させ，貴重品はロッカーに入れて鍵を閉めることを習慣化させましょう。盗難が起きてしまった際には生徒への聞き取りと周知を組織的に行いましょう。

私物の管理を徹底させる

　残念なことですが，進路多様校の現場では，盗難が頻発します。盗難については，犯人がわかる場合は稀です。まずは**盗難防止のための指導**を徹底していくことが先決です。生徒はよく物をなくします。盗難ではなく，私物の紛失であることも多いのです。まずは以下のことを徹底しましょう。

　・私物（教科書や体育着等も含む）は机の横にかけたり，机の中に入れたままで帰らない。
　・移動教室の際には，机の上に物を放置しない。
　・全ての私物・体育着・ジャージ・体育館履き・教材等に**氏名を記入**。
　・貴重品は常にロッカーの中に入れて鍵を閉める。
　・教室移動の際には，鍵係が必ず教室の鍵を閉める。

盗難を防止するために…

　盗難は，生徒が高額な金銭や物品を持参した際に集中して発生しています。盗難犯は普段の会話からその生徒が高額なものを持参していることを見抜いているようです。多くは昼休みや教室移動の際に，鞄の中に放置したケース

が多いです。鞄もチャックを閉めておらず，財布などが剝き出しになっていたという無防備な状況であることも大きいです。高額なブランド財布等が紛失したケースもありました。**高額なお金や高額な物品は学校には持参しない**ことを徹底することが大切です。教室施錠は上の窓や下の扉等が空いていないかも確認してください。上の窓から侵入した事件もありました。また，大変残念なことですが，女子更衣室から女子の体育着・水着等が盗難されたこともありました。**更衣をする場所は必ず１か所にし，確実に施錠する体制を**体育科とも連携して行うようにしましょう。教室巡回では施錠確認と教室内に人がいないかも十分に確認することが大切です。最近発生していないから大丈夫だろうという教員側の気持ちの緩みで施錠や巡回の不徹底な状況になった頃にこうした事案が発生する場合が多いのです。

盗難が発生してしまったら…

　盗難が発生してしまった場合には，速やかに以下の対応をしましょう。

①**本人への聞き取り**…何がなくなったのか・いつまでその物品はあったのか？・どこに入れていたのか？・いつも周りに誰がいるか？・どうしたいか？（場合によっては警察に被害届を出すことも尊重します）

②**学年主任・管理職への報告**…盗難が発生した時間，当該生徒，盗難物等を伝え，対応を協議します。

③**生徒への周知**…学年集会や全校集会を開き，盗難の事実を伝えます。その上で，全員に用紙を配り，何か知っていることや気になっていることがないかを紙に書いて提出してもらいます。

④**当該生徒への保護者連絡**…盗難が発生してしまったことへの謝罪，状況報告（学校で聞き取りした結果），生徒の様子，今後の学校としての対応（巡回の強化など），保護者が希望していることの聞き取りをします。

　こうした対応を行った後，職員間でも周知して生徒への注意喚起，私物管理，巡回の徹底等を呼びかけるようにします。盗難は犯罪であることを生徒に伝えた上で，自己防衛にも努めるように注意喚起をしましょう。

生徒指導（特別な指導）

39 「特別指導」と「日常的な生活指導」の違いとは？

・「特別指導」は普段の生活指導とどのように違うのでしょうか？　どのような問題行動が特別指導にあたるのでしょうか？

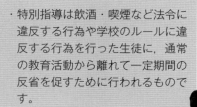

・特別指導は飲酒・喫煙など法令に違反する行為や学校のルールに違反する行為を行った生徒に，通常の教育活動から離れて一定期間の反省を促すために行われるものです。

特別指導とは？

　特別指導とは生徒が問題行動を起こした際に，一定の反省期間を設ける教育活動であり，<u>生活態度全般の改善を図り，今後の学校生活の立て直しを図る</u>ために行われるものです。特別指導にあたるものとしては，以下のような(1)法を犯す行為や(2)学校の規則に違反する行為が含まれます。

(1)法を犯す行為	(2)学校の規則に違反する行為
●飲酒・喫煙行為（所持・同席も含む）	●バイク登校
●窃盗（万引きを含む）	●対教師暴言
○対教師暴力	●SNSによる誹謗中傷
○いじめ	●指導拒否・授業妨害
○器物損壊	○考査時の不正行為
○金品・物品強要・恐喝・脅迫	○けんか
○無免許運転	△不純異性交遊
○無賃乗車	●：高頻度で発生
○公共交通機関での迷惑行為	○：時々発生
△薬物乱用	△：稀に発生

事実関係の認定から申し渡しまでの流れ

問題行動の事案が発覚した際には以下のような流れで対応を行います。

❶事実関係の聞き取り → ❷経緯の自書＋事実関係の共有 → ❸生活指導部＋学年会議 → ❹指導方針の仮決定 → ❺臨時職員会議で方針決定 → ❻保護者連絡 → ❼申し渡し

❶：事実関係の聞き取りは**２人１組**で行い，聞き役とメモ係を決めておく。複数人が関わっている場合は別室で，事前に担当教員が聞き取り内容【**いつ，どこで，だれが（だれと），なにを，なぜ，どのように感じたか**】をどの程度聞き取るかなど具体的に決めておく。ここでは聞き取りに努め，反省を促す等はしない。

❷：原稿用紙を渡し，経緯について，生徒に自書させる。１名は生徒と教室に待機し，複数人関わっている事案の場合は，もう１名が退出し，この間の時間で**聞き取り内容に整合性があるかを担当者間で確認**する。整合性がない場合は，別室で待機させている生徒に再度聞き，できるだけ正確な情報になるようにまとめる。整合性が取れ，経緯を書かせた用紙を提出させたら，帰宅させる。**SNSやスマホを使用して友人と連絡を取り合うことは厳禁**であることを伝達。

❸・❹：生活指導部と学年で事案と生徒情報の共有し，問題行動に至った背景や本人の特性を生活指導部内規等と照らし合わせて，**指導内容を仮決定**する。生活指導部主任は事前に管理職に指導方針を伝達しておく。

❺：臨時職員会議を開き，全職員に今回の事案の共有をするとともに，指導案を生活指導部主任から伝達する。生徒情報や指導にあたって配慮して欲しい事項があれば，担任から伝達する。それを元に**校長が指導方針を決定**する。生徒への申し渡しの時間・場所の候補を生活指導部主任・学年主任・管理職に聞いておく。

❻：保護者連絡を行う。本人から話を聞いているかを確認した上で，問題行動の説明を行い，「校長から伝達したいことがあるので，**保護者も同席**して欲しい」ことを伝え，**時間と場所を伝達**。ここで，「謹慎」等という指導内容は決して口に出さない。

❼：保護者と本人同席のもと，校長室で**校長より指導内容の申し渡し**を行う。その後，生活指導部と担任から別室で保護者に指導期間中に協力して頂きたいこと等を確認する。

101

生徒指導（特別な指導）

40 特別指導の申し渡しと保護者への説明をどうする？

- ・「特別指導」の申し渡しと保護者への説明等をどのような流れで行ったらよいのでしょうか？

- ・基本的には経緯の説明や指導方針の伝達は生活指導部主任・管理職が行いますが，その後の生徒のフォローや保護者への協力依頼は担任が率先して行いましょう。

特別指導の申し渡しの流れとポイント

　生徒の問題行動が発覚し，学校として特別指導に入り，保護者や本人に指導方針を伝える場面が申し渡しになります。保護者が同席のもと，生徒・担任・学年主任・生活指導部主任・副校長（教頭）・校長が同席する形が一般的です。校長室で行いますが，その前後で，保護者・生徒の控室を用意しておきましょう。全体の進行は生活指導部が行います。

①**挨拶**：身だしなみを整えた状態で起立し，挨拶をして着席。

②**経緯の説明**：保護者に対して，来校に際しての感謝の意を述べるとともに，生徒から確認した事実について具体的に（いつ・どこで・誰と・何を）説明し，本人に事実と齟齬がないかその場で確認する。

③**指導方針の伝達**：今回の事案を受け，学校として反省の期間を設けるという話を校長より伝達する。「謹慎」や「説諭」等という具体的な指導方針を示す言葉は使わなくてよい。

④**同席教員からの伝達**：副校長（教頭）からは生徒へ話をしてもらう。時間がない場合は，学年主任や担任からの話は別室で行う。特別指導は罰を与えるものではなく，本人の更生を期待して行うものであることを伝え，保

護者の協力のお願いを改めて行う。

⑤挨拶：最後に挨拶をし，退出。控室に誘導する。

特別指導中の家庭への協力依頼を行う

　別室では，生活指導部主任・学年主任・担任が同席のもと，生徒や保護者に具体的な指導内容について伝達します。まず，今回の事案について十分に反省し，新たな気持ちで学校生活を送れるよう指導していくことを伝えます。

①**日誌を毎日記入**：その日に行ったこと・学んだことの振り返り・ニュース・家庭の手伝いで行ったこと・保護者と話したこと・保護者からの署名を記入して，毎回の指導の際に持参する。休日も毎日記入する。この**記載内容が指導解除の判断材料の１つにもなり，多くの先生が確認する**ので，丁寧に内容を充実させて記入することを伝える。

②**指導期間中の本人都合による外出・スマホ等で外部と連絡を取り合うことは禁止**：指導内容を他の生徒に伝えて広まることのないように，また，指導期間中は自分と向き合うことが最優先であるため，外出やスマホ等での友人等との連絡を取り合うことは禁止。連絡があった場合は，「今は連絡を取れない」とだけ伝えてそれ以上のやり取りをしない。保護者にも，家庭の事情でやむを得ない場合を除いては外出不可・スマホの使用不可について，監督の協力をお願いする。

③**保護者とのコミュニケーションを密に取る**：今回の良くなかった点を保護者と毎日話し合う機会を少しでも設ける。また，家庭の手伝いをする。

④**反省文・今後の決意を記入**：反省文と今後，学校生活をどのような意識で取り組んでいくかについての決意文を具体的に記入する。

⑤**集合時間・指導場所は毎日確認する**：指導時間・指導場所は毎日，その日の指導の最後に確認をするように伝える。行事等で学校側の体制が整わない場合は，自宅で課題に取り組んでもらう場合もある。

　以上の点を保護者・生徒に説明し，納得が得られたらその日は解散し，翌日から指導となります。

生徒指導（特別な指導）

41 特別指導中の指導のポイントは？

・謹慎となっている生徒の指導に入る予定です。どのようなことを生徒に伝えたらよいでしょうか？

・生徒を「指導する」のではなく，生徒自身が今回の良くなかった点に気づき，正しい行動の選択肢を増やせるように問いかけを行い，生徒が言語化する機会を多く持たせましょう。

特別指導の内容

特別指導の内容としては，以下のようなものがあります。

- **謹慎**…期限が決められている場合も無期の場合もあるが，通常の教育活動から離れ，別室で何日間か登校して，反省のための時間を過ごす。
- **説諭**…管理職等から，問題行動事案について注意を受けるもの。段階を踏んで「校長説諭」「生活指導部説諭」等がある。

「説諭」では，保護者同席のもと，本人に注意を行って教室に戻す場合が多いです。ここでは特に，「謹慎指導」について検討していきます。

特別指導中の家庭への協力依頼を行う

謹慎中は他生徒との接触を避けるため，登校時間をずらし，登校場所も昇降口ではなく，職員玄関から入る等の対応を行います。下校時間も他生徒と重ならないように配慮します。生徒が登校したらその時間の割当となっている教員が指導場所まで移動します。

①**スマホ預かり**：電源をオフにさせ，封筒に入れて教員が保管。下校時間の担当教員に確実に渡し，帰りに返却してもらうようにします。

②**日誌の記入状況の確認**：日誌の確認をし，保護者とどんな話をしたのか，今どう感じているか等の話をします。内容不備がある場合は記入させます。

③**各教科からの課題の伝達**：各教科から課題や配布物があった場合には本人に配布し，伝達します。

④**様々な先生と面談**：謹慎当初は各時間の担当教員との面談を通して，自分の行動を振り返るようにします。その際，**教員が「指導する」のではなく，生徒に「問いかけ」を行う**ことで，生徒自身が内省を深め，**「気づき」**を得られるような工夫が必要です。自己理解や他者への想像力，行動の結果，何が起こるかの見通しを持って，適切な行動に変えられる力を身に付けなければいけません。具体的には以下のような質問です。

●生徒の過去の行動について，そのときの感情を具体的に問う質問：「○○をしたとき，どんな気持ちだったのか？」「○○することによって，どうなると思ったか？」「なぜ，そう思ったのか？」

●相手の気持ちを想像させる質問：「○○をしたとき，相手はどう感じたと思う？」「今，お母さんや担任の先生はどう思っているかな？」

●未来志向の質問：「同じような場面に遭遇したら今度はどういう行動をする？」「通常の学校生活に戻ったら何をしたい？」「進級・卒業に向けて，どうしていきたい？」「1年後どうなっていたい？」

　「沈黙」は生徒が内省を深めている証拠なので，すぐに答えを待たずに待ちましょう。生徒が話したら，最後まで聴きましょう。教員は，話し過ぎず，**生徒自身の中にある「答え」を引き出す**役割に徹するのです。

⑤**課題に取り組む**：問題行動の中身によって指導内容は異なりますが，課題に取り組ませます。まずは反省文と決意文の作成が優先事項です。喫煙等であれば，「喫煙による健康被害」等の本の書写等を行わせます。

⑥**スマホの返却＆明日の登校時間の確認**：最後の時間の監督の先生は，明日の指導時間・指導場所を生徒に確実に伝えます。スマホも返却し，生徒には家に到着したら**帰着連絡**を学校に入れるように伝えます。

105

生徒指導（特別な指導）

42 生徒が言うことを聞かないときは？

・生徒が友人の発言に腹を立て，感情的になって暴れています。どうしたらよいでしょうか？

・まずは冷静に話ができるように，別室に移動させましょう。呼吸を整えさせてから，何があったのかじっくり話を聴くように努めましょう。

生徒が感情的になっている

　生徒同士，生徒が教員に対して感情的になっている場合は，まずは複数で**別室**に連れていきます。この際，あまり周りに人数が多いと逆に生徒を刺激してしまうので注意しましょう。別室で少し呼吸を整えさせた後，自分の怒りの背景には何があったのかをじっくり聴くようにします。生徒が感情的になっているときに，被せるようにこちらも感情的になれば，生徒も負けまいとさらに怒りを増長させ，事態は悪化してしまうので注意しましょう。

　生徒の話を聴き，寄り添い，生徒が求めていることに**共感的な姿勢**を取ることがとても大切です。私が初任校で初めて担任を持ったクラスで，クラスTシャツを生徒が製作し注文しました。シャツの完成品が届いたところ，襟付きだったことを生活指導部の先生に指摘されました。申し込みの際に担任が伝えてくれなかったことに文化祭委員が激高して職員室に乗り込んできました。私も少し感情的になり，文化祭委員が委員会等で聞いていたはずということを言ってしまい，さらに関係が悪化しました。途中で口を挟まず全て生徒の話を聴いてから謝罪をすればよかったと今では思い起こされます。その後，彼らは冷静さを取り戻し，襟を中に入れて襟が出ないように加工し

て体育祭当日にその T シャツで出場することを認めてもらいました。

問題行動の背景にあるものを考える

　生徒が不適切な行動を行う背景には知的障害や発達障害等を抱えているケースや，支援が必要な生徒であるにもかかわらず，学校や家庭での適切な支援を受けられていないこと等があります。

　ある万引きを繰り返す生徒は，発達障害も抱えている生徒でしたが，親の指導が極端で，「夜遅くに帰ってきた」「部屋を汚した」等の理由で食事を食べさせてもらえない，定期代を払ってもらえない等のことがありました。仕方なく，自宅から 1 時間以上歩いて学校まで来たこともありました。食べるものがなく，コンビニでおにぎり等を盗んだり，学校で友人の財布からお金を抜き取ったり等の問題行動がありました。その生徒の家庭状況は，精神的虐待にあたるということで児童相談所に通告し，保護してもらいました。

　このように，単に問題行動のみに焦点を当てた指導ではなく，問題行動の背景にあるもの，その生徒がそうせざるを得ない状況にさせているものは何かを常に考えて，特別支援的な立場からの支援も必要です。

特別指導中は人間関係を作るチャンス！

　特別指導中で役割が入っていないときも担任の先生は生徒の様子を少しでも見に行って欲しいと思います。次頁のような日誌を見てコミュニケーションを取り，保護者のコメントも見て，担任のコメントも書きましょう。生徒や保護者は「気にかけてもらっている」という安心感を得ることができ，担任への信頼にもつながっていきます。

　何よりも，特別指導は担任にとって，**生徒との人間関係を構築するチャンス**の時間です。集団ではヤンチャに振舞う生徒でも 1 人のときは素直な表情を見せるものです。生徒の本来の素直さに目を向け，生徒と対話的な関係性を作ることが大切です。関係性が良くなくても，1 人孤独を感じている生徒にとっては，いつも向き合ってくれる人が傍にいるというのは大きな心の支

107

えになるのです。「何があっても担任は○○のことを大切に思っていて諦めない」というメッセージを態度で示していける教師を目指してください。

日誌の書き方例

特別指導期間	日誌	1 年 E 組 34 番　氏名：　解答　ルパン

記入例

7 月 7 日（火）　特別指導　3 日目　天気：　晴れ

① 日記

時刻		時刻		時刻	
5:00		12:00	下校	19:00	夕食（ハンバーグなど）
	起床				家事手伝い：夕食片付け
6:00	洗面・歯磨き・用便	13:00	帰宅	20:00	
	朝食（パン・牛乳）		昼食（インスタントラーメン）		入浴
7:00	ニュースを見る	14:00		21:00	
	家事手伝い：洗濯干し		反省文・作文		日誌記入
8:00		15:00	「今までの自分を振り返って」	22:00	就寝
	登校準備				
9:00		16:00		23:00	
	学校着		家事手伝い：洗濯物取り込み		
10:00	・先生と話①（中俊先生）	17:00		24:00	
	・先生と話②（中田先生）		学習課題（英語）		
11:00	・学習課題	18:00	学習課題（数学）		

□　今日先生方と話をした内容等：

学校では、2人の先生と話をした。日常の自分の甘さが色々なことにつながっているという話をしてくれた。

今後このようなことがないように日常生活（授業態度、身だしなみ、言葉遣いなど）からしっかりしたい。

また、将来のことについて、聞かれたが、自分はしっかりと答えることが出来なかった。前向きな目標をもつ

ことが学校生活を意欲的に過ごす力になると言われたので、そういったこともこの機会に考えていきたい。

応援してくれている先生がいることも分かったので励みに頑張っていきたい。

□　今日行ったことの感想や気づいたこと・考えたこと：

今日は特別指導になって3日目だった。改めて自分の日々の生活を考えてみて、考えが足りていなかった

ことが多かったと感じた。まず、行動をする前に落ち着いて深呼吸して考えてみる訓練をしていきたい。

勉強にも取り組んでみたが、分からないことが多く不安になった。卒業するためには勉強をしないといけ

ないのでもっと頑張る。特に英語が分からなかったので、次回の登校時に中俊先生に質問をしたい。

課題を早く終わらせて、なるべく早く通常の学校生活に戻れるよう、頑張って過ごしていきたい。

② ニュースのまとめ

ニュースのタイトル：	「小池氏、全年代で首位」

記事の出典： 朝日新聞（7／7朝刊）

記事の主な内容： 5日に開票された都知事選挙で、次点の候補者に大差をつけて、現職の小池百合子氏が圧勝した。朝日新聞の調査によると、すべての年代の得票率で、小池氏が他候補を大きくリードした。投票の際に最も重視したことを「リーダーシップ」「経歴や実績」と答えた人の7割から得票しており、コロナ対応などの際に、国や他の自治体に先んじて対策を打ち出した小池氏の対応が投票行動に結びついたと考えられる。

意見・感想：

都知事の小池さんは、コロナ対応などで頑張っている印象が強かったが、対応を批判する記事も目にすることが多かったので、結果には少し驚いた。他の候補者は知らない人が多く、知名度が大きく影響したのではないかとも思う。選挙権が18歳になったのでこれからはもう少し選挙や政治にも興味を持ちたい。

③ 今日取り組んだ学習課題

・英語 MEW Core 500 week6 解答・マル付け 基本語のコアを考えて単語を学ぶことは大切
・数学 ワークブック 12ページ～13ページ よくわからない問題があった
・
・

④ 今日の家事手伝いについて

手伝ったこと： 洗濯…洗濯干し（朝）、洗濯取り込み（夕方）

感想など： 洗濯物をすることになれてきたが、正直、干すのも、取り込むのも面倒くさいと感じてしまう。それを毎日、やってくれていた母親には改めて感謝をした。これからも自分のものは、自分で洗ったりしていこうかなと思った。

□ 保護者より

課題は、在宅時は親の目の届く居間を使って取り組ませました。時間は、かかっていましたが、作文を仕上げていました。家事については今回の件を通じて、生活力を高められるように色々とやらせてみようと考えています。本人も積極的に取り組んでくれています。今後もご指導を宜しくお願いします。

ここに担任より一言コメントを書くとよい。	

（例）いつもご家庭での丁寧なご指導ありがとうございます。
自分の今回の行動の振り返りを言葉にできるようになってきました。引き続きの見守りをよろしくお願いします。

生活指導部	担任

▶ 生徒指導（特別な指導）

43 いじめ事案が発生したときは？

・いじめと疑われるような SNS 上での誹謗中傷が生徒から相談されました。どのように対応したらよいでしょうか？

・報告してくれた生徒には謝意を伝え，報告者が攻撃の対象にならないように，先生たちで共有して対応すると伝えます。学年主任・生活主任・管理職と相談しながら進めていきます。

いじめの定義

「いじめ防止対策推進法」（平成25年9月施行）によれば，いじめとは，は「児童等に対して，当該児童等が在籍する学校に在籍している等当該児童等と一定の人的関係にある他の児童等が行う心理的又は物理的な影響を与える行為（インターネットを通じて行われるものを含む。）であって，当該行為の対象となった児童等が心身の苦痛を感じているものをいう。」と規定されています。いじめを受けている生徒の主観を重視した定義になっており，いじめられていると生徒が感じた時点でいじめは成立していることになります。小さなふざけ合いやいじりからいじめに発展していくケースもあります。生徒の小さな変化も見逃さない対応が必要です。

いじめを「しない」「させない」雰囲気づくり

いじめは，相手の人間性とその尊厳を踏みにじる「**人権侵害行為**」であることを生徒全体に周知し，それぞれの学級でも「**いじめは絶対に許さない**」という立場に立って担任教師がその風土を教室に作っていくことが大切です。

その中で，「**多様性を認め合う雰囲気づくり**」が重要です。クラスには多

110

様な生徒がおり，中には空気の読めない言動をしてしまう生徒もいます。そうした生徒を同調圧力で非難する形になるといじめに発展してしまいます。教室に様々な生徒がいて，何かあった際には，「今の〇〇さんの発言や行動をどう感じたか」をしっかり意見を出し合い，**お互いが気持ちよく生活していくためのルール**を皆で出し合って作っていくことが大切です。教室は社会の縮図であり，多文化共生社会の現代を生きる術を身に付ける場でもあります。「違いがあることを楽しむ」という発想の転換が必要です。適切なコミュニケーションがないところに人間関係のトラブルの端緒があります。相手への**思い込みが誤解を生み**，人間関係をぎくしゃくさせ，SNS 上等で爆発するのです。SNS 上のコミュニケーションでは相手の意図が十分にわからないまま，誤解が修正されずに憎悪が増長していきます。相手と顔を突き合わせて意図を確認し合う作業を，日常的に取り入れると良いでしょう。

いじめの発生に気づいたら

　いじめ対応については，「①いじめの未然防止→②早期発見→③適切かつ迅速な対処を行う」ことが責務となっています。**早期発見**のためには，生徒や保護者にも協力を得て，「いじめと疑われるようなことがあったら，すぐに先生に伝えて欲しい」ことを徹底します。「傍観者」にならずに**相談しやすい教員と生徒との信頼関係づくり**も鍵です。また，毎回学期末に「いじめアンケート」を実施し，事案を記入した生徒に面談等で聞き取りを行います。事態が深刻であると判断した際には，「いじめ対策委員会」を開催して当該生徒への聞き取り，指導体制の構築，保護者との連携等で両者の関係が修復されるよう，慎重に対応を行います。

　近年では SNS を介した誹謗中傷，仲間外し，写真等の個人情報の拡散等によって教員の見えないところで事態が深刻化している場合もあります。しかし，こうした事態を見ている生徒がその違和感を相談できる体制によって事態が発覚することがあります。報告した生徒が攻撃の対象とならないよう見守り，安全で安心な学校生活を送ることができるような支援が重要です。

進路指導（進学）

44 ３年間を見据えた体系的な進路指導とは？

・進路指導というと，３年生が行うものというイメージがありますが，１年次から意識しておいた方がよいことはありますか？

・進路指導は１年次から必要です。３年間を見据えた進路指導計画を意識し，１～２年次にどれだけ進路意識を高め，希望進路実現に向けて準備ができるかが３年次の進路活動の成否を決めます。

進路多様校の進路指導とその課題

　高校入学と同時に考える必要があることは「卒業後の自分の進路」です。
　進路多様校では，進学だけでなく就職等の多様な進路選択をする生徒が多いため，見通しを持った進路活動を意識的に行う必要があります。高１の２学期には自分の希望進路に応じた選択科目を選ぶことが求められます。高２の２学期には進学なら大学・短大・専門学校のどれか，どの学部・学科・分野を志望しているのか，就職なら，どんな職種を希望するかを言えるようにしておかなければいけません。高３の４月からの進路活動は，進学か就職かという希望進路に合わせた進路指導が本格的に行われます。

・高１の10月：希望進路に応じた科目選択
・高２の11月：三者面談で希望進路決定（就職 or 進学 or その他）
・高３の４月：進路希望に応じた進路活動開始

　進路多様校では，成績的にはトップの生徒でも，中学校時代の成績はオール３くらいであることが多く，学力的にも自信がない生徒が大半を占めます。

クラスでリーダー等になった経験がない生徒が多く，人間関係にも課題を抱えています。一見，「問題ない」と思われる生徒でも，何かしらの教師による支援を必要としています。

こうした生徒が3年時の進路指導で課題となることに，①自分の強みがわからない，②自分の武器（良いところ・アピールするもの）となる資格取得・検定合格歴やエピソード経験が少ない，③自身の体験や自分のことを言語化ができない，④将来の進路に関する選択肢が少ない（十分な情報を持ち合わせていない）という点が挙げられます。

3年間を通した体系的な進路指導の実施

この課題を解決するために，各学年の進路指導のテーマを次のように設定してみます。

1年：知る／拡げる	2年：深める	3年：かなえる

1年時の進路探究のテーマ：「知る／拡げる」

進路選択するにあたって，卒業後の進路選択についての十分な情報を持ち合わせておらず，じっくり検討することがないまま，進路選択をしてしまうことがよくあります。そこで，1学年では，「進学」「就職」と限定せず，**「将来，なりたい／こうでありたい自分」**をイメージできるように，探究の時間等を利用して，幅広い体験活動や講話を聞く機会を用意します。「**振り返り**」を重視し，体験したことや聞いて感じたことを自分の言葉で書いたり話したりする時間を設けていきます。また，専門学校とも連携して，近年，採用枠でチャンスが拡がっている高卒公務員の仕事について知る「公務員の仕事講話」や「公務員対策講座」も充実させていくとよいでしょう。1年次から準備すれば，高卒公務員合格も夢ではありません。

例えば，以下のような体験活動が考えられます。

〈体験活動例〉

地域フィールドワーク／コミュニケーションワークショップ／学習法・メモの取り方ワークショップ／美文字練習／全員参加の大学・専門学校見学・体験／全員参加インターンシップ／市長講演会／公務員対策講演会・講習会／職業人講話／卒業生ワークショップ／国際理解講演会／SDGs ワークショップ／大学生ワークショップ

〈1年次の年間の進路プログラム例〉

年次	テーマ	学期	探究			学力向上	HR
			進路探究	地域探究	自己探究		
1年次	自分や職業を「知る」 可能性を「拡げる」	1学期	進路劇	第1〜3回 地域フィールドワーク （林業・マス釣り・座禅 ・自然体験） ⇒お礼状の書き方	コミュニケーションワーク（名刺交換・ドラマケーション）	☆第1回基礎力診断テスト ⇒振り返り講演会・表彰	担任との二者面談
			進路講演会		体験の言語化	学習法ガイダンス	
			進路ガイダンス			Classi の活用法	
			公務員対策講演会		ポートフォリオ	学習計画の立て方	
			国際理解講演会	SDGs ワークショップ			
			社会人マナー講座			デジタルスキル講座	
			あきる野市長講演会				
		夏休み	インターンシップ	ヨルイチ	自己分析	Literas 検定ワークブック	三者面談
			上級学校見学	ボランティア活動		英検・漢検対策	
						夏期講習	
		2学期	YG 性格検査	第4回 地域フィールドワーク ⇒体験の言語化	マイストレングスワーク（自分の長所を知る）	☆第2回基礎力診断テスト ⇒振り返り講演会・表彰	文化祭 体育祭 合唱祭 担任面談
			卒業生トーク		自己分析		
			進路パネルディスカッション・職業体験	探究発表資料の作成	インタビューワークショップ	◆ Literas 検定全員受験 スキルアップ講座（英検）	
		冬休み	プレゼン資料・原稿作成				
		3学期	探究発表会準備	プロジェクト別ガイダンス	進路目標自己分析	☆第3回基礎力診断テスト ⇒振り返り講演会・表彰	担任面談
			探究発表会 (1/22)			◆英語検定全員受験	
			大学生講話			◆漢字検定全員受験	
		春休み	進路選択にあたってのワークシート作成・オープンキャンパス見学				

2年時の進路探究のテーマ：「深める」

　2学期（11月）の進路決定面談に向け，自分の希望する進路を定めていくという時期になります。1学期は進路研究を進め，希望する進路を固めます。夏休みには進学希望者はオープンキャンパスに複数行き，模擬授業や体験実習等を行い，個別相談等でも先生と話して，希望進路実現のために必要な情報を集め，行動に移していきます。就職希望者は，インターンシップ等に行き，企業の方から直接話を聞いたり，仕事を体験したりすることで，職業理解を深め，自分にできることや自分なりの職業観を作っていきます。また，

2年次は探究活動や行事，委員会，部活においても学校の中心となって活躍が望まれる時期です。こうした活動を通して培った経験を言語化する訓練を積めば大学の総合型選抜の事前課題や面接で活かしたり，就職の自己PRでエピソードを添えて語ったりすることができるようになります。

高2は「中だるみ」の時期と言われますが，2年次を制するものは進路活動を制すると言っても過言ではありません。授業はもちろんのこと，試行錯誤しながらも生徒が様々なことにチャレンジして自分の成長につなげていけるように支援していくことが重要です。

〈2年次の年間の進路プログラム例〉

年次	テーマ	学期	探究			学力向上	HR
			進路探究	地域探究	自己探究		
2年次	地域や卒業後の進路を「深める」	1学期	オープンキャンパスガイダンス	プロジェクト別活動①〜⑤	コミュニケーションワーク（グループエンカウンター）	☆第1回基礎力診断テスト⇒振り返り講演会・表彰	担任との二者面談
			進路分科会			Literas検定対策	
			ビジネスマナー研修		ペーパータワー		
			学校調べ・職業研究		マイストレングスワーク	資格取得対策	
			あきる野市長講演会				
		夏休み	就業体験	ヨルイチ	自己分析	Literas検定ワークブック	三者面談
			オープンキャンパス	ボランティア活動		英検・漢検対策	
						夏期講習	
		2学期	オープンキャンパス報告会	プロジェクト別活動⑥〜⑨	ポートフォリオまとめ	☆第2回基礎力診断テスト⇒振り返り講演会・表彰	文化祭体育祭合唱祭
			進路講演会(文理選択)				
			卒業生トーク				三者面談（進路決定面談）
			五高フェス				
			職業体験	振り返り	自己分析	◆Literas検定全員受験	
			模擬授業体験	発表資料作成		スキルアップ講座（英検）	
		冬休み	プレゼン資料・原稿作成				
		3学期	自己PR文の書き方講演会・作成	探究発表準備クラス内発表	進路目標自己分析	☆第3回基礎力（or 実力）診断テスト	担任面談
			探究発表会(1/22)			⇒振り返り講演会・表彰	
			自己PR文振り返り講演	発表振り返り	発表要旨の作成	◆英語検定全員受験	
			多摩地区　都立高校探究発表会			◆漢字検定全員受験	
		春休み	志望校研究・進路ワーク・自己PR文書き直し				

3年時の進路探究のテーマ：夢を「かなえる」

3年4月からは，就職・進学に分かれて本格的な進路活動が始まります。生徒が一番苦労するのが，志望理由書と面接での自分の経験を言語化する部分です。こうした対策は一朝一夕にできるものではありません。1学期は就職支援のSSWやNPOの人材や大学生に講師として来て頂き，生徒が自由

選択を取っていない空き時間帯等を利用して，週1回程度，個別で進路指導を行っていくようにします。1学期は主に志望理由書を書くために必要な事項をまとめた面接問答集を書き上げていく作業を行います。

　4〜5月では進路指導部と協力して全員面談を行い，進路状況を確認します。この時点で進路希望未定者は，SSWやNPOの専門職の方の力を借りて，じっくり面談をしてもらうようにします。

　志望理由書や総合型選抜・指定校推薦の事前課題，履歴書等の提出書類を夏休みが終わるまでに完成させることが目標です。夏休みを有効活用できるかどうかが2学期以降の進路指導の成否を決めます。そのため，夏休みには全員登校日を設定するとよいでしょう。外部人材を活用した面接対策・志望理由書・提出課題の添削等を夏休み中に丁寧に行います。就職の生徒は，事業所見学に行き，志望する企業を決めたら，履歴書の志望動機作成に入ります。事業所推薦および指定校推薦に関わる選考会議は8月中旬に済ませ，夏休み中に生徒に結果伝達を行います。結果伝達後は，複数の教員で確認して願書や課題等の書類を渡します。**出願開始日を確認し，開始日に出願書類を送れるように出願の2週間前には調査書発行願いを提出，願書・事前課題の準備**をさせます。書類の原本は生徒が紛失，汚す危険性があるため，教員側で預かっておき，まずはコピーを渡して，生徒に下書きをさせ，本書きが可能になった時点で配布するようにした方が無難です。

　進学の場合，10月頃から推薦入試（指定校推薦・公募型推薦・総合型選抜）が順次開始されますので，9月以降は面接指導が本格化します。

　就職の場合，9月16日から試験が始まります。調査書等は8月末には点検を終えた状態で，封筒に入れられるようにし，履歴書等の志望企業への書類の送付は2学期最初の始業式後に行います。

　進路実現した後は，自分のこれまでの生き方を振り返り，地域や他者のためにできるようになったことや後輩に自分の経験を伝え，想いを引き継いでいくために，卒業論文発表の形で発信する作業を行ってきます。

〈3年次の年間の進路プログラム例〉

年次	テーマ	学期	探究			学力向上	HR
			進路探究	地域探究	自己探究		
3年次	自分の夢を「かなえる」	1学期	進路ガイダンス 進路の手引き確認	五高フェスの振り返りと後輩への指導・引継ぎ	自己PRワーク	☆基礎力 or 実力診断テスト ⇒振り返り講演会・表彰	担任との二者面談
			進路用写真撮影		長所・高校生活の振り返り	入試対策 総合型選抜対策	
			志望理由書作成				
			面接練習 履歴書下書き		ポートフォリオまとめ	SPI・一般常識対策	
			あきる野市長講演会			各種 模擬試験	
		夏休み	面接練習 履歴書完成（就職） 会社見学（就職）	ヨルイチ	自己分析 自己PR練習	模擬試験	三者面談
			志望理由書下書き完成 進学提出書類の作成	ボランティア活動		志望理由書 振り返り講演	
						夏期講習	
		2学期	就職壮行会・書類送付 就職試験開始 お礼状作成（就職）	五高フェス 準備のサポート	ポートフォリオまとめ	入試対策	文化祭 体育祭 合唱祭
			面接練習				
			五高フェス				三者面談（進路決定面談）
			進学出願 一般入試対策	3年間の振り返り 発表資料作成	卒業論文の作成 3年間の自己分析	スキルアップ講座（英検）	
		冬休み	プレゼン資料・原稿作成				
		3学期	探究発表会に向けた準備			◆英語検定（希望者）	担任面談
			探究発表会（1/22）			進学先からの課題	
			多摩地区 都立高校探究発表会				

1人1資格取得・1検定合格・1コンテスト入賞を目標に

　願書や履歴書に高校時代の記録として資格取得や特技欄に何も書くものがない生徒が大勢います。高校時代に頑張ったことの証として資格取得や検定合格は1つの重要な指標となります。最近は，探究などに関わるコンテストが多く開催されています。そうしたものに入賞までは難しいかもしれませんが，出場するだけでも意味のある活動となります。

〈資格例〉

英検／漢検／数検／Literas論理言語力検定／情報処理検定／パソコン検定／農業技術検定／簿記検定／手話技能検定／色彩検定／ニュース時事能力検定／歴史検定等

〈コンテスト例〉

JICAエッセイコンテスト／全国高校生作文コンクール／読売作文コンテスト／観光甲子園／SDGs探究アワード／マイプロジェクトアワード／SDGsみらい甲子園／ボランティア・スピリッツアワード／YouTube甲子園／フォトコンテスト等

進路指導（進学）

45 長所や体験を言語化するトレーニングとは？

・生徒に体験活動の感想を聞くと，「楽しかった」「だるかった」と一言で終わらせてしまう傾向があります。体験したことをより具体的に話せるように指導したいのですが，どうしたらよいでしょうか？

・言語化の訓練は一朝一夕にはいきません。積み重ねが大事です。行事や探究活動等で体験した後は必ず振り返りの時間を取り，ペアやグループ・全体で生徒自身が経験して感じたことを伝える時間を設けていきましょう。

体験をさせた後は，必ず言語化する習慣を

　フィールドワークなどの社会との接点を持つリアルな学習は体験に乏しい進路多様校の生徒にとっては非常に重要です。しかし，体験させただけで終わってしまってはもったいないことになります。<u>体験したことを相手に伝えて初めて体験したことが意味づけされ，自分に内在化されていく</u>のです。右図のように体験したら，振り返りを行い，体験を通して自分は何を感じたのかを内省する時間を取ります。その後，体験した内容と感じたことを仲間に伝える「<u>体験の言語化</u>」を行うことで，体験活動が「学び」になります。

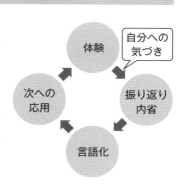

体験の中に「自分への気づき」がある

　体験やプロジェクト活動を行うことで，<u>自分の長所（得意なこと）や課題への気づき</u>が生まれていきます。そうした自分の強みを活かし，課題を克服していけるように，次の新しい状況（体験活動）で活かしていくというサイ

クルをうまく回していくことで自己の成長とともに，学習者集団のレベルアップにつながっていきます。こうしたことを日常化することが，自己分析にもつながり，最終的に進路活動でも活きてきます。最初は，「楽しかった」「だるかった」「つまらなかった」等一言で終わってしまう生徒も，この訓練を繰り返すことで，エピソードとともに自身の経験を語り，説得力があり，人の心を動かす伝え方ができるようになります。

段階を踏んで，繰り返し訓練を重ねる

いきなり話しなさいと言われても生徒は話せません。生徒が体験を言語化できるようになるのは次の Think ➡ Pair ➡ Share のステップを踏むことが大事です。まず，Think では個人の考えをまとめる時間です。主に，次の3点をまとめるように伝えましょう。

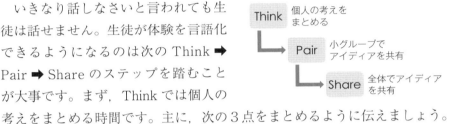

①体験活動の内容と印象に残ったこと
②どのように感じたのか
③そこから何を学び，今後の体験に活かしたいか

次に，Pair のパートでは，2人1組になってまとめた内容を1分で伝え合いましょう。伝え終わったら，お互いの説明を聞いて良かった点，感じたことを相手に伝えてあげましょう。このパートはペアを変え，小グループにするなど，何度か異なる相手に伝える練習をしていきます。数をこなすと，説明もこなれてくるでしょう。その後，少しハードルを上げて，クラス全体の前で発表または，学年全体の場での発表などにもチャレンジさせていき，全体の場でも堂々と言語化できるスキルを養っていきます。こちらはクラスの実情に応じていきなり全体で厳しい場合は，大グループの中で発表するという形でもよいでしょう。

進路指導（進学）

46 生徒のアピールポイントを増やすには？

・生徒が長所や自己PRを魅力的に語れるようにどのような準備をしておけばよいでしょうか？

・行事・探究活動・部活動などの生徒の成長につながるイベントの後は、必ず記録をつけさせておきましょう。その際、後から見返しても思い出せるよう、経験を具体的に自分の想いをのせて書くことが大切です。

1年次からポートフォリオで振り返り記録を作成する

　進路面接で必ず聞かれる質問として「自分の長所」「高校生活で印象に残ったこと」があります。自身の成長を可視化し、自分の成長をエピソードとともに魅力的に語るためには、**記録**が重要です。こうした自身の成長の記録を集めたものを**ポートフォリオ**（Portfolio）といいます。元々、かばんや書類ケースのことを指す語ですが、集められた情報のことを示します。特に、「行事」「探究活動」「部活動」等は整理してまとめておきましょう。可能であれば、オンラインツールを利用して、データで残しておくと後々、コピー＆ペースト等をして利用することができて便利です。

自分の長所が活かされた場面を意識

　記録を作る際のポイントは、**「自分の長所が活かされた場面」**を具体的に記録しておくことです。例えば、下記の例は高校生が地域の方と協働してイベントを作る経験をした生徒が実際に書いたものです。

　私は、絵を描くのが好きなので、イベントのチラシのイラストを描いた

りなど，チラシ作りにかなり貢献できたと思います。他にも**イラストを描く上で〇〇高校とわかりやすいように工夫し，どうレイアウトすれば人に見てもらえるかを考え，アジサイなどのモチーフを入れたりメリハリをつけるために加工をつけたりなど自分が得意なことを発揮することもできた**と感じています。また，あまり得意ではない声出しや呼び込みをして初めて会った人にわかりやすく説明するなどの経験を通じて，**人とコミュニケーションをとったり，今まで苦手意識が強く避けていたことにも取り組むことができ昔の自分よりも遥かに成長できたと自分でも実感できるぐらい**には，新しいことに挑戦できたと思います。

　この生徒は美術系の専門学校の志望をしているおとなしい生徒ではありましたが，イベント運営を通して，自分の長所をどう発揮できたかや，自分の課題も経験を通じて克服することができたという自身の成長も具体的に語ることができています。こうした記録を1年次から生徒に書かせるように指導していくことが大切です。大事なのは生徒任せにせず，**教師によるフィードバック**を与えることです。個別での面談等を通じて生徒が書いたことに突っ込みを入れて書き方の指導をしていきましょう。また，良い実例を生徒に示していくことで，生徒は書き方を学んでいくことができます。

1年次から学校内外の活動に積極的に取り組む

　p.112でも述べましたが，生徒のアピールポイントを増やすには高1〜高2の頑張りが重要です。進路指導は高3になってスタートするのではなく，高1から資格取得や検定合格，コンテスト入賞等のために意識的に取り組ませるようにしましょう。上記で述べたように学校内の活動でも，自身の成長を語るエピソードを多く持ち合わせておくことが大切ですので，積極的に様々なことにチャレンジする生徒を育てましょう。成功例だけが人の心を動かすのではありません。失敗や試行錯誤の経験も，そこからの学びや自身の成長を言語化できれば，強力なエピソードとなります。

進路指導（進学）

47 志望理由書・面接のポイントは？

・長所がないから，面接練習で何も話せないという生徒がいます。どのようにアドバイスしたらよいでしょうか？

・まず，短所を挙げさせてみてください。その短所を学校でのエピソードを交えて，長所に言い換えて伝えてあげましょう。「長所は短所の裏返し」ということを伝え，他の短所も長所に変えさせてみてください。

当たり前の日常も長所になる

「長所なんてない」という生徒がいますが，当たり前の日常も，志望先と関連させて具体的に語れば，立派な自己PRになります。例えば，

◆「学校に毎日登校する」というエピソードから…
→「私は，毎日規則正しい生活を送り，クラスでは一番早く登校してその日の授業の準備を行い，勉学に熱心に励むことができました。私のこうした時間に余裕を持って準備を行い，真面目に取り組むという強みを御社でも発揮し，御社の事業の発展に貢献していきたいと思っております」

◆「教室のゴミを拾った」というエピソードから…
→「私は，高校生活で，何事にも積極的に取り組んできました。掃除の際に，ゴミ箱からゴミがあふれていたことがあります。そんな時，先生に言われる前に自らゴミ箱に行きゴミを拾って，ゴミ袋を新しいものに代えました。周りの人から『ありがとう』と言ってもらえ嬉しくなりました。こうした経験から，人の役に立つことを自分から積極的に行っていくことの素晴らしさを感じました。貴校に入学してからも，この積極性を活かし，人のためになることをどんどん行い，周りを引っ張っていけるような立場になりたいです。」

長所は短所の裏返し

「長所なんてない。短所ならたくさん挙げられるのに」という生徒の声を
よく聞きます。そう言われたら，
「長所は短所の裏返し」と伝えま
しょう。例えば，「要領が悪い人」
は「真面目で丁寧な人」だと言え
ます。要は捉え方の問題で，生徒
が挙げた「短所」を例にどう「長
所」に言い換えられるかというワ
ークをやってみましょう。

短所	→	長所
臆病	→	慎重
おせっかい	→	面倒見が良い
頑固	→	意志が強い
騒がしい	→	活発
でしゃばり	→	積極的
		好奇心旺盛で社交的
弱々しい	→	優しい
計画性に欠ける	→	チャレンジ精神旺盛
慎重さに欠ける	→	行動力がある
要領が悪い	→	まじめで地道に努力する
あきらめが悪い	→	粘り強い
時間がかかる	→	丁寧に取り組む

また，自分ではわからない長所
は，家族や友人，先輩や後輩，学校の先生等にインタビューしてみることも
有効です。自分で思っていなかった意見が聞けるかもしれません。具体的に
「どんなところがそう感じるのか」をよく聞いてみましょう。お互いの長所
を言い合える関係性ができると，クラスの雰囲気もグッと良くなります。

志望理由書作成のポイント

志望理由書や志望動機は多くの生徒が書くことになります。ポイントは，
過去→現在→未来というように整理して，志望先の魅力と主体性（言われた
からではなく，自分から調べ選んだ）を伝え，自分が貢献できることを具体
的に書いていくことです。

(1)興味を持ったきっかけである**自分の体験**から学んだこと，主体的に取り組
んだことを具体的に書く　**過去**　※志望先と関連したエピソードにする
(2)志望先（志望校・志望企業）の魅力を具体的に書く　**現在**
→他の学校・企業と比較して，自分にとって魅力的な点は何か？
(3)高校時代の経験等や自分の長所を**志望先でどう活かし，社会に貢献してい**
きたいかを書く　**未来**

進路指導（進学）

48 保護者に進路に関する知識がないときは？

・保護者が自分は中卒だから，子供の進路のことはわからない。学校で何とかしてくれと言われ，心配です。どうしたらよいでしょうか。

・保護者の協力なしには生徒の進路活動はうまくいかないことをきちんと伝えましょう。学年通信や保護者会，三者面談では進路情報を伝えられるようにしておきましょう。

「保護者」の協力なしに生徒に希望進路実現なし！

保護者会等では生徒の希望進路実現のために，学校と保護者が密に連絡を取り合い，共通理解の元，生徒の進路実現を応援するパートナーとなることが大切であることを伝えます。保護者には生徒の進路選択にあたって，相談に乗ってもらえるように伝えます。

進路選択で考えておくべき視点

進路多様校の場合，保護者が中卒や高卒で進学に関する知識がないことが多くあります。そこで，学年通信や保護者向けの情報配信ツール等を用いて定期的に進路情報を提供していくことが大切です。保護者会では右のような図を用いて，進路選択について詳しく説明します。

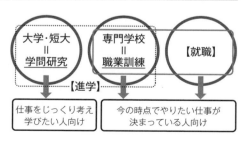

進学は，大学・短大・専門学校と分かれますが，専門学校は就職寄りであ

ることを意識しておくことが大切です。専門学校は，職業訓練のための学校であり，就職と直結するスキルを身に付ける場所です。就職率も良いですが，求人もその選んだ分野に限定されます。パティシエ，調理師，美容師，自動車整備等，専門に特化した内容を学ぶため，興味関心が移ろいやすい人は注意しましょう。興味本位で選んではいけません。「思っていたのと違った」ということで，専門学校で高い授業料を払ったのに途中で退学という生徒もいます。短大も２年または３年間で，保育・幼児教育・栄養系の学科が多く，幼稚園教諭・保育士・栄養士・介護福祉士等，地域の職業人の養成をメインで行っています。一方で大学は４年間で学問分野も幅広く，「人文科学系」「社会科学系」「自然科学系」「学際系学部系」「文理融合系」等に分かれていて，法・経済・経営・商・社会・観光・文・外国語・教育・理工・医学・薬学・看護等，多岐にわたる学部があります。大学は１年次には一般教養といった科目も多く，２〜３年次からゼミや研究室を選んでいくという点で，専門性はあるものの，幅広い専門分野から選択肢が多く用意されています。高校３年生の時点でまだ進路希望が明確でなく，じっくり学びを深めたい生徒には向いていると言えます。就職希望者の中には，家庭の経済状況の関係でその選択をしている生徒も少なくありません。「今は学びたいことがないからお金を貯めたい」という生徒もいます。令和２年の調査では新規高卒就職者の37%が３年以内に離職しているという結果もあります。転職が当たり前となった現在，どの職場で働くか以上に，**自分の価値を高め，必要とされるスキルを身に付ける**ことが大切だとも言えます。それゆえ，進路決定がゴールではありません。むしろ通過点で，もっとその先にある「自分がどうありたいか。そのために，これをやる」という選択をし，その決断に責任を持つことが大切です。学ぶ必要性を感じたときに学ぶというのも悪いことではありません。「保護者に言われて看護師を選んだ」というおとなしい生徒がいましたが，途中で実習等が厳しく辞めてしまいました。あくまでも保護者は生徒の希望進路を実現するサポーターであり，決めるのは生徒本人であることを忘れないように事あるごとに伝えていきましょう。

進路指導（進学）

49 保護者に伝えておきたいことは？

・専門学校を希望している生徒がいます。保護者は本人に任せているからよいと言っていますが，お金のこともあるので三者面談をお願いしています。どのような情報を伝えたらよいでしょうか？

・保護者には，まず学費の総額の確認と高3の秋には約100万円が用意できるかを確認してください。専門学校の選択の注意点も伝えておきましょう。また，奨学金の申し込みスケジュールや用意すべきものを確認しましょう。

保護者に伝えておきたいこと

　進学希望の保護者には，高い学費を負担してもらう以上，以下のことをきちんと伝え，理解してもらう必要があります。

①専門学校には認可校，無認可校がある

・認可校　　→「●●●●専門学校，専門学校▲▲▲▲学院」

・無認可校→「■■■■専門学院，★★の専門校」

　認可校は都道府県知事，教育委員会などに認可された教育機関です。認可校では，4年制大学などへの編入学（一定の要件を満たした場合），**独立行政法人日本学生支援機構の奨学金制度の利用，国家試験の一部免除，学割証明書や通学定期券の取得**ができますが，無認可校の場合はこれらが全て適用されませんので注意が必要です。認可校では，一定要件を満たした課程を修了すると，卒業時に「専門士」の称号が授与されますが，無認可校はあくまでも塾のような扱いなので，最終学歴は高卒になります。また，専門学校の中にはあまりお薦めできない学校もありますので，進路の業者等から情報収

126

集をして生徒に伝えられるようにしましょう。書面に残したり，断定的な言い方をしたりはしないようにしてください。

②早期 AO 入試に注意

　６月に AO エントリーすると学費や受験料の割引をする専門学校があります。期間限定の割引の場合は注意が必要で，元の学費が相場より高い学校の場合が多いです。生徒募集に苦労している学校で早めに入学者を確保したい思惑の学校もあります。一部を除いては，すぐに定員が充足される専門学校は多くありませんので，夏休み中に複数の学校を比較検討して学校研究を重ね，早くても９月にエントリーでよいと思います。面談等で書類に名前を書かされ，いつの間にかエントリーしてしまったケースもあります。「AOエントリー願」を学校に提出し，チェックを受けてエントリーすることを徹底しましょう。

③高校３年生の11月には100万円前後必要となる

　大学は４年，短大・専門学校は１〜３年分の学費が必要となることを必ず保護者に確認してください。年間で130万前後となります。教材費・実習着の費用・必修の海外研修費等は授業料に含まれていないことがあるので，オープンキャンパスの個別相談等でよく確認してください。また，合格通知後（高３の11〜12月），10日〜２週間以内に入学金＋初年度納入金の約100万が必要となります。奨学金は入学後に貸与（給付）されるものですのでここでは使えませんので要注意です。進学を希望する生徒は高校１年生のときから保護者にも伝え，コツコツと貯金しておく必要があります。

④奨学金は借金である

　日本学生支援機構による奨学金を予約する制度のタイミングは，高３の６〜７月になります。マイナンバーや収入に関わる書類の提出等が必要で，保護者と共に余裕を持って確認することが必要です。第２種は利子がつきますので，基本的には「借金」のイメージを持って計画的に借りましょう。第１種は無利子で，給付型もありますが，両方とも世帯年間収入要件と３年間の評定平均の要件（3.5以上）があります。

127

進路指導（就職）

50 高卒就職の流れとは？

・高卒就職は自分もやったことがないので，どのような流れで指導をしていけばよいのか不安です。指導の内容や注意点を教えてください。

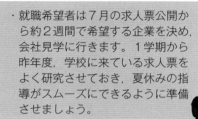
・就職希望者は7月の求人票公開から約2週間で希望する企業を決め，会社見学に行きます。1学期から昨年度，学校に来ている求人票をよく研究させておき，夏休みの指導がスムーズにできるように準備させましょう。

就職は動き出しが早い

　高卒就職の場合，7月に求人票が公開され，その後，約2週間で会社見学に行く企業を決めます。ここで注意なのは，「見学」というと，何となく「まずは見ておこう」という軽い気持ちで考えてしまう人もいますが，「**会社見学＝プレ就職試験**」と考えておくことが大切です。基本的には会社見学は就職試験を受ける可能性が極めて高いところに行くものです。なので，原則1社，多くても2〜3社がベストです。

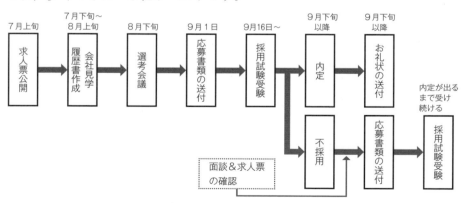

9月16日から就職試験が開始されます。そこで，1学期から準備を本格化させ，履歴書を作成する準備に入り，同時に面接準備をします。夏休みには，会社見学，志望企業の決定，面接練習，履歴書の志望動機の作成，履歴書を本番用紙に本書き，書類送付準備があります。始業式後には，書類送付ガイダンスを行い，郵便局へ行って，簡易書留で書類送付を行ってもらいます。流れをまとめると，前頁図のようになります。就職試験に受験できる会社は9月の時点（第一志望）では1人1社なので，求人票を研究し，よく検討して決めるように指導します。10月以降は2社まで受験できますが，希望職種の求人はない可能性がありますので，なるべく9月の1社目で希望職種にチャレンジできるように指導します。3年の途中で進路希望が変わる生徒がいますが，進学から就職に変更するのはこのスケジュールからもわかるように，準備が大変になることをよく伝えておきましょう。

履歴書作成指導は1学期から

　履歴書の作成指導にも思った以上に時間がかかります。**鉛筆で薄く縦と横に均等に罫線を引いて，文字が曲がらないように1画1画丁寧に書く指導**を行います。相手に見てもらう書類であることを意識して，文字が均等でなくバランスが悪い，曲がっている，1角ずつ書けていない等については添削して指導します。こうした丁寧な文字を書くことは高1のときから意識させ，読めない字で提出して

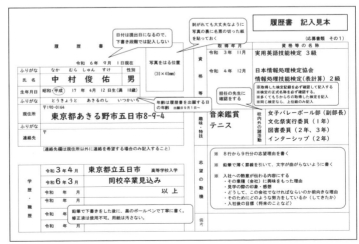

きた際には，再提出させる等の対応をしておくとよいでしょう。このように履歴書を書くといっても時間がかかるので，前頁の履歴書の「志望動機」以外の部分については，下書き用紙で練習し，大丈夫であれば，本書き用紙に鉛筆で下書き➡チェック➡ペンで本書きという手順で進めておきます。夏休み前までに「志望動機」以外の部分は本書きを終えている状態にしておきましょう。

求人票の研究は１学期のうちに！

　７月の求人票公開から２週間で希望する企業を決め，会社見学の希望願いを提出することを考えると，昨年度までの学校に来ている求人票を閲覧していくつか志望する企業をピックアップしておくことが大切です。学校に来ている求人以外にも，他地域での就職や選択肢の幅を拡げたい場合は，厚生労働省「高卒求人サイト」（https://koukou.gakusei.hellowork.mhlw.go.jp/）を閲覧させてもよいでしょう。但し，こちらのサイトはパスワード等が必要でハローワークを経由して学校ごとに発行されているもので，進路指導部主任の先生に聞いてみてください。

　求人票は２〜３社を見比べてみることが重要です。ここで簡単に見方のポイントを説明します。

①雇用形態

　「正社員」（会社に直接雇用され，フルタイムで定年まで働く形態）かどうかを確認。「契約社員」は雇用期間が限られていて，正社員とは待遇が違います。

②職種・仕事の内容

　採用後，実際に担当する具体的な業務の内容です。入社後に異動がある場合もあります。必要な知識・技能等（応募に必要な学科や資格・免許等の情報）が書かれている場合はよく確認しましょう。

③就業場所

　実際に働く場所です。事業所所在地と異なる場合があります。通勤にどれ

位時間がかかるのか，電車の経路等を必ず確認してください。保護者にも相談しましょう。

④加入保険等

その会社がどんな保険に入っているかがわかります。「雇用」（失業した場合の保険）・「労災」（仕事でケガした場合に支払われる）・「健康」（病院に行くときの保険）・「厚生」（年金）の４つがあるか確認しましょう。

⑤賃金等

「月給」／「日給」（勤務日数によって毎月の支給額が異なる）

・基本給…「賞与」の基本となる額

・固定残業代…一定の残業がある前提で毎月支払われる金額。残業の時間数等も確認しておきましょう。

・通勤手当…実費ではなく，会社の規定で上限や計算方法が定められている場合もあります。また，支給なしの会社もあります。

・賞与…ボーナスのこと。前年度の実績が記載されています。採用１年目実績が上段，２年目以降実績が下段です。

・就業時間…複数書いてある場合は交代制で，どの時間帯もありえます。夜勤の有無なども確認し，勤務可能かを判断しましょう。

⑥休日等

何曜日が休みか，週休二日制かなどが書かれています。

・時間外…残業時間です。基本的にどの会社でも残業はあります。おおよその平均の数字なので，大体の目安と考えてください。

・有給休暇…給料に影響なく休むことができる日数。いつ頃に何日もらえるかが書いてあります

・年間休日数…これも他の企業との比較ポイントです。

⑦選考場所

本社か営業所がほとんどです。見学先と違うことがありますので，選考当日に間違えないように，しっかり確認しておきましょう。

⑧選考方法

学科試験のあるところが増えてきました。学科試験ではなく適性検査とかかれていても，内容は基礎学力試験だったりします。受験を決めたらしっかり準備しましょう。

⑨過去３年間の新卒採用者数・離職者数

採用数が極端に増減している会社は注意が必要です。離職率が高い場合でも何か事情があるかもしれませんので，同業他社と比べてみるのもよいでしょう。

一部の事項のみを見て判断する生徒がいますが，危険です。給与が高くても，年間休日数が少ない，残業が多い，夜勤・異動がある等，他の項目もしっかり検討しておくことが大事です。また，⑨の採用者数に対する離職者数が多い場合，働きにくい環境であることも想定してよく調べておくことが大切です。**求人票をしっかり読み込んでおけば，求人票に書かれていない情報を会社見学当日に質問**することができます。

会社見学の注意点

会社見学の前後には事前指導・事後指導をします。その際に，生徒に意識させておきたいことをまとめておきます。

①事前準備

(1)業務内容の理解

会社のパンフレットや求人票，HP の情報をよく読み込んでおきます。パンフレット等は学校に送付されるものをコピー等して生徒に渡しておくのもよいでしょう。販売・飲食系の会社であれば，事前に店舗で客として訪問してみたり，食品を扱う会社であれば，実際に買って食べてみるのも「企業研究」の方法の１つです。こうした経験が面接でも活きてきます。

(2)会社までの下見

当日道に迷ったり，電車やバスの乗り継ぎ等を間違わないよう，どのくらいの時間がかかるかも含めて，下見をしておくとよいでしょう。

⑶情報収集

　学校にある先輩方の「会社見学報告書」「受験報告書」等を確認します。

⑷志望理由・自己紹介・自己PR等を話せるように準備

　見学の際にもさりげなく聞かれることがあります。

⑸会社への質問を準備

　「休日数は何日ですか？」のような求人票等を見ればわかるような質問はしません。**会社のことに関心を持っている・意欲があると思われるような会社見学に行ったからこそ得られる質問**を考えておきます。例えば，社員の方に対して，「現在の仕事でのやりがいは何ですか？」「入社前と入社後の会社に対する印象は何か違いはありますか？」「就職試験に向けてどんな準備をしましたか？」「どんな人がこの職場で向いていると思いますか？」など。

②当日の行動

⑴持ち物の確認（前日までに鞄の中に準備し，行く前に再度確認）

　筆記用具，メモ用紙，印鑑，身分証明書，交通費，会社見学連絡票，書類入りの封筒

　（注意）カバンは書類が折れずに入るもので，学生らしいものとする（無地で黒・紺など，紙袋や華美なリュックは不可，カバンについているアクセサリー類は外しておく）。

⑵服装・身だしなみの確認

　男子・女子ともに制服（最初の印象が大切です）。

☑頭髪の確認：パーマ・染色・脱色は不可とする。髪が長い女子は，束ねておく。

☑化粧はしない，アクセサリーは身につけない（ピアスの穴までチェックされます）。

☑革靴はよく磨いておく（スニーカーは不可）。

☑長い爪は，切っておく。つけ爪やネイル等も不可。

(3)時間を守る

　絶対に遅刻しないことを徹底。遅くとも**10分前には指定された場所に到着する**ように指導。もし，事故等で遅刻しそうなときには，学校に連絡し，学校から企業側に連絡をし，生徒に指示を出します。

(4)会社に到着したあとの挨拶や行動

☑指定された場所に到着したら，まず礼をしてから，「おはようございます」「こんにちは」等の挨拶をする。

☑学校名，自分の氏名を伝える。

　「〇〇立△△高等学校からまいりました，〇×△□と申します」

☑要件を伝える。

　「本日は，会社見学にまいりました。よろしくお願いします」

　→この後は，会社の方の指示に従って行動する。場合によっては，受付の方や案内の方など，複数の人に以上の挨拶を繰り返す場合もある。

☑「職場見学のお願い」（学校で渡された封筒に入った書類）を渡す。

　挨拶の後，「こちらは学校から預かってきた書類です。よろしくお願いします」と言って手渡す。

　→封筒は，表面の字が相手に読めるように持って差し出す。

---

(5)担当者の目を見て話を聞き，**メモを取る**

　見学で回っているときは，できるだけ担当者の近くにいるとよい。

(6)見学後の挨拶

　「本日は，どうもありがとうございました」と言って，礼をする。

　→会社を出るまでの途中に出会う受付や警備の方にも挨拶を忘れない。

　家を出たときから，家に帰るまでが会社見学です。会社の方は職場見学中も生徒の様子をよく見ています。欠伸したり，腕や足を組んだり，肘をついたり…普段の悪い癖が出ないように注意するとともに，メモを取りながら相

槌を打って話を聞く等の良い姿勢を心がけましょう。移動中もどこで会社の関係者に見られているかわかりません。気を抜かないように注意させましょう。**大きな声でハッキリと受け答え**をすること，**礼・挨拶を穏やかな表情で明るくできる**ように普段の日常でも意識させましょう。

③会社見学後の事後指導

⑴見学終了後の学校への電話連絡

電話を受けたら時間等をホワイトボードなどに記入しておきます。その際に，会社見学の様子を簡単に聞き，事後指導の日程を再確認します。「会社見学報告書」の記入や企業からもらった書類を持参するように伝えましょう。

⑵事後指導（以下の内容を生徒と確認します）

☑会社から預かった書類（職場見学報告書等）を預かる

☑採用や家族関係に関わる質問（三局要請文の内容）をされていないか

☑会社見学報告書の記入の確認

　→不備がある場合，その場で書かせる

☑ **会社見学に行った会社に就職試験受験を希望するか？**

　→希望する場合，内定後の取り消しはできないという保護者署名付きの「**誓約書**」の提出，希望しない場合は，面談を行い，求人票から，次の見学に行く企業を決める指導を行う

このように，就職希望者の夏休みは非常に忙しくなります。生徒に直接連絡することも増えていきますので，学年・担任・進路指導部の教員で生徒の連絡先等の情報の共有場所を確認しておきましょう。以上で述べたことは進路指導部の教員が中心になって行いますが，**指導内容や生徒の情報の共有**は担任とも密に行っていくようにしましょう。

進路指導（就職）

51 履歴書＆面接指導のコツとは？

- ・履歴書の志望動機が書けない生徒が多いです。どのようにまとめさせたらよいでしょうか。
- ・面接指導をするときのポイントは何でしょうか？

- ・履歴書は過去の先輩の良い例を見せながら，どのような順番で何を書けばよいのかを明確に指導するとよいでしょう。
- ・面接では相手に何を伝えたいのかを面接ノートに整理して準備させるようにしましょう。

履歴書の志望動機の作成

　会社見学に行き，志望する企業が決まったら，履歴書の志望動機欄の作成に入ります。生徒の文字の大きさに応じて以下のイメージを共有します。

☑８行から９行分の「志望の動機」を書くイメージ
☑鉛筆で薄く縦と横に罫線を引いて，文字のサイズを統一し，曲がらないように書く

　以上の準備を終えたら，過去の先輩の良い例を見せながら，志望動機の書き方を指導します。志望動機には**入社への熱意が伝わる内容にする**必要があります。志望動機に盛り込んだ方が良い項目は以下の通りです。時系列に過去から未来に向けて書いていくと整理された志望動機になります。

①その業種（会社）に興味を持った理由や経験
　　どのような努力をしているか（してきたか）
②どうして，この会社でなければならないのか前向きな理由（企業理

念への共感等）

③見学の際の印象・感想（担当者の言葉や見学時のエピソード）

④入社後の目標（会社への貢献，将来の展望など）

　例えば，以下のような生徒の実際の例を示しながら解説するとよいでしょう。下線部はよく使用するテンプレートのようなものなのです。

〈例〉①私は，以前から日本の伝統文化である和菓子を見たり，食べたりすることが好きで，高校入学後に入部した華道部での活動をきっかけにさらに興味を持ちました。自分の好きなものや興味のある物を扱っている職業に携わりたいと思っていたところ，貴社の求人票を拝見しました。②貴社の「お客様の心を満たし続けること」という理念に魅力を感じ，さらに多くの人に和菓子の良さを知ってもらいたいと思いました。③職場見学に伺った際，従業員の方が仕事に誇りを持って楽しそうに働き，お客様に接している場面を見て感銘を受けました。これまでの経験で身に付けた知識を活かし，④お客様に和菓子の良さを伝えていけるよう，貴社で精一杯働きたいと思い，志望いたしました。

　上記の①〜④の項目について箇条書きで整理させ，それを文章化するステップを踏みます。下書き用紙の生徒が作成した志望動機に教員が誤字脱字も含めてチェックを終えてから，本書き用紙に罫線等を薄く引いてから，鉛筆で下書きをします。そのチェックも教員で行ってからペン書きに入ります。

面接入室練習

　就職の場合，9月16日から試験が始まることから，実質，8月の登校日での面接指導が総仕上げとなります。言葉が先で，礼は後（「語先後礼」という合言葉）を意識して，言葉と動作を分けることがポイントです。面接の基本的な流れは以下のようになります。進学の場合も原則は同じ流れになります。

①ドアをノックする。（3回）

②「どうぞ」と言われたらドアを開け，面接官と目線を合わせ，「失礼いたします」と相手に聞こえるように言って，30度のお辞儀をする。部屋に入り，ドアの開閉は必ず両手で行う。
③「よろしくお願いいたします」と挨拶してお辞儀をする。
④入室時のドアに近い椅子の横に立って学校名と氏名を言い，以下の挨拶をする。
　「●●●立△△高等学校から参りました○○○○（氏名）と申します。（本日は）よろしくお願いいたします」　※学校名は正式な名前で
⑤面接官に「どうぞ」と言われてから「失礼いたします」と言って，座る。
⑥面接官の方に顔を向け，質問に答える。
⑦面接が終わったら，すぐに立って，椅子の横で「本日はありがとうございました」と言ってから，30度の礼をする。
⑧ドアのところまで行き，振り返り，面接官の方を向いて「失礼いたします」と言い，30度の礼をする。
⑨ドアノブを持ってドアを開け，外側のドアノブに持ち替え，静かに閉める。

　こうした礼の練習は，普段の授業や集会などでも繰り返し意識して練習させることで定着させることができます。

面接のポイント

　面接で必ずといってよいほど聞かれる3つの質問についてポイントを解説していきます。面接官が限られた時間で判断したいのは，その人が採用後，成果を生み出せる存在であるかということです。

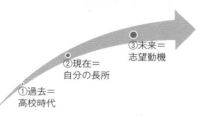

そのために，図のような時間軸で質問が展開されると考えるとよいでしょう。

①過去：「高校時代に頑張ったことは何ですか？」

→経験（工夫・苦労・成果）から，就職後も力を発揮できるかを評価

②現在：「あなたの長所は何ですか？」

　　→得意なこと，性格，できるようになったことから資質・適性を評価

③未来：「志望動機をお話しください」

　　→入社後も長所を活かして，企業に貢献できる可能性を評価

　最も大事なのは③で就職に対する本気度や熱意・想いが現れている答えを言えることが大切です。しかし，③を説得力のあるものとする根拠となるのが①のエピソードや②の自己PRとなるので，どれもしっかり考えておくよう指導をすることが大切です。

　面接練習の前に，こうした面接でよく聞かれる項目について，「面接ノート」を作成し，言葉でまとめさせておきましょう。組み立て方としては，（A）回答に対する答えを簡潔に述べる➡（B）その論拠を補強するエピソード（経験）をそのときの感情を入れながら具体的に語る➡（C）（B）の内容で強調したい点をまとめる（結論）という流れです。（C）では面接官に何を伝えたいのかを特に意識してまとめましょう。まず（A）・（C）を考えてからそれに合うエピソード（B）を考えていきます。

〈自分の長所についての回答例〉

(A)私は，困難なことがあっても，何事にも粘り強く取り組むことができる長所があります。(B)1年次からESS国際交流部の部長を2年以上務めてきました。部活動では地域の方々と協働したプロジェクト活動を行ってきました。私達の活動をより多くの人に知ってもらうために，大学主催のコンテストに応募しました。最初，大学の先生方に私たちの取り組みを発表したところ「何がやりたいのかわからない」と厳しい意見をいただき，活動を否定された気持ちになり傷つきました。そんなときも，私は諦めず，ショックを受けた部員にも声をかけ，部員間で活動の魅力をどう伝えていくのかを毎日夜遅くまで討論しました。修正した案を高校生プレゼンコンテストで発表し，最優秀賞を受賞することができました。辛い経験に向き合ったからこそ，受賞したときは本当に嬉しかったです。この経験から，(C)諦めずに仲間と協力して工夫して取り組むことで大きな成果につながることを学ぶことができました。

進路指導（就職）

52 生徒の進路がなかなか決まらないときは？

・高校3年生になっても進路未定者がクラスに何人かいます。どのようにアプローチしたらよいでしょうか？

・まず，生徒がなぜ進路希望が未定のままであるのか状況把握に努めてください。それぞれの生徒の状況に応じて，担任だけでなく，外部機関と連携して面談を設定する等，1人で抱え込まず指導しましょう。

進路がなかなか決まらない生徒たち

　高3の4月から進路活動が本格的にスタートしますが，その流れに乗っていけない生徒も進路多様校には少なからず存在して，担任の頭を悩ませるところです。進路活動ができない生徒のパターンとしては，主に次の5パターンが挙げられます。それぞれのパターンについて対策を考えていきましょう。

①生活指導等での特別指導に入っている

　謹慎等の指導が明け，進路活動に向き合う姿勢を保護者や管理職とも確認が取れ次第，進路活動を再開します。

②卒業単位数（74単位）の修得見込みが1学期末の時点で立っていない

　卒業見込みが立っていない生徒を学校として推薦できないという立場は当然なのですが，生徒に<u>見通しを示しておく</u>ことが大切です。生徒が卒業後の進路に希望を持っていて，それがモチベーションになりそうであれば，3年の2学期中間試験の成績で卒業単位を修得できる見込みがあるか各教科に判断のお願いをするのも1つの手です。見通しが長期にわたると頑張りきれない生徒には，まずはここまでという短期的な見通しを明確に示しましょう。

③精神的に不安定で，進路のことを考えられる余裕がない

鬱や自律神経失調症等の理由で学校に登校ができず，卒業できるかも怪しいタイプの生徒です。この生徒は，複数の目標設定や1年後の未来を想像することが負担になる場合があります。あまり負担をかけずに，「卒業を目標にしよう」と**目標設定を卒業後ではなく，卒業に変え**，少しでも不安を取り除いてあげましょう。保護者との確認も怠らないようにしてください。

④**進学も就職もしたくなく，将来何がしたいのかわからない**

粘り強く面談等をしながら対応していくことになりますが，担任等いつも関わっている教員には話しにくいこともあります。そこで，**外部機関との連携**で週1～2回来校しているSSWやNPO等の就職支援の機関とつないで第三者に面談してもらうことで道が拓けてくる場合があります。

⑤**試験に不合格が続き，新たな試験を受験する自信がない**

就職試験等で不合格が続いてしまい，自信を失ってしまうタイプの生徒です。そうした生徒には**職業能力開発訓練校**をお薦めしてはどうでしょうか。最短3カ月～最長2年の間に，職業に関する基本的な知識・技能を身に付けるための施設で，選んだ分野での就職につなげてもらえます。職業分野も，機械・建築・造園・電気・清掃・情報・ファッション・介護・調理・接客等多岐にわたっています。学費も10万程度と安く，試験科目も高卒程度の国語・数学や面接等で難しくはありません。年明けにも出願可能なので，まずは見学会に参加させ，生徒に受験を促してみてはどうでしょうか。

自分の進路は自分で決める

自分の進路希望を決めきれない，気持ちがコロコロ変わってしまう生徒の進路を教員が無理やり決めても，卒業後すぐ辞めてしまうケースが多くあります。自分の進路を「**自分事**」にして深く向き合わせ，最後は**自分で覚悟を決める**という態度を育成していくことが必要です。進路多様校では1人1人に手厚く指導してくれるケースが多いのですが，卒業後はそうした環境は稀有なものになります。手取り足取りの指導ではなく，卒業後，生徒たちが「自立」できるような支援を高校在学中に行っていくことが大切です。

進路指導（就職）

53 決めた進路を継続できる生徒を育成するには？

・進学希望の生徒に志望動機を聞くと「何となく」「入れそうだから」「就職はしたくないから」という声が聞こえてきます。生活態度も良くなく，入ってからが心配です。どうしたらよいでしょうか？

・こうした生徒にも「志望動機の作成」と「基礎学力の育成」指導は厳しく行いましょう。何のためにやっているのかも伝え，実際に進学後，退学してしまう生徒の理由等リアルな話も伝えるようにしましょう。

就職する覚悟がなく進学を選択する生徒たち

　近年，進路多様校でも，就職が減少し，進学を選ぶ生徒が増えています。経済的な問題がクリアできれば（修学支援制度も充実してきています），こうした学校から進学することも，学校を選ばなければ夢ではありません。進学希望の生徒に理由を聞くと，「就職したくないから」といったことを口にするケースが多くあります。モラトリアム（猶予期間）のために４年間を過ごしたいということでしょうか。こうした生徒を否定はしませんが，就職生徒と同様に**志望動機等の指導や基礎学力向上の指導**を厳しくしておく必要があります。残念ながら，進路多様校から明確な進路希望を持たないまま進学した生徒は，①高校時代と同じような生活で遅刻・欠席を繰り返す②基礎学力がないまま進学した結果，授業についていけなくなる③面倒見が良い担任もいなくなり，基本的には自己責任であるため，提出物等を出せないままになる④人間関係が構築できず，授業や実習に参加できなくなるという報告をよく受けます。結果，単位が修得できず，退学となってしまうケースも多いのです。残念ながら，高校時代の彼らの姿がそのまま進学後も継続されてしまいます。高校時代遅刻が多かった生徒は，進学後も遅刻しています。人間

142

関係でトラブルになりやすかった生徒は進学後も，同じ課題を抱えています。だからこそなるべく高校時代に個々の課題を克服し，「社会的・職業的自立のために必要な能力や態度」（文部科学省）を身に付けさせる指導をしていかなければならないのです。卒業後の進路を決めることに終始したいわゆる「出口指導」ではなく，卒業後の自分の生き方やあり方に深く向き合わせるキャリア教育を目指して指導をしていくことがより一層重要となります。

早いうちから「働くこと」をイメージできる体験をする

誰もが将来，「働く」ことになります。だからこそ，高卒就職者だけでなく，進学希望者にも，「働く」ことについて早い段階から考えさせておくことが重要です。特に，進学指導ではどの大学に行くかという出口のみの指導に終始してしまい，進学後どのような学びをし，それが将来の自分の生き方やあり方といった職業観や人生観とどうつながっていくのかを考えさせることが疎かになってしまっているケースが多くあります。

そこで，高校１年生の夏休みに，全員選んだ職場でインターンシップを２日間経験させました。実際に働いている人の姿を見て，働くにあたって必要なスキルは何かをリアルに学ばせます。以下は体験した高１の感想です。自分の仕事に対するイメージとのギャップ等も感じさせ，楽しいだけではないことや，向き合うことで得られる仕事のやりがい等も学んだようです。

自分は今まで保育園には楽しいことばかりで苦はないと思っていましたが，体験してみるとそんなことはなく，子供たちの面倒を見たり，子供同士のけんかの仲裁に入ったりとやることが多すぎて猫の手も借りたい状況でした。でも，苦ばかりではありません。子供たちの面倒を見ているからこそ，身近に子供たちの成長を感じられたり，子供と遊ぶことで，新たな知識・スキルが身に付きました。この体験を通して得たものは２つです。１つは職場での職員同士の信頼関係，２つ目は幼稚園生から，社交性を学びました。この２つは社会で生きていく上で必要で，高校生活でも重要なものです。この２つの力を大切に社会で貢献できるようになりたいです。

保護者対応・懇談会

54 保護者との信頼関係づくりの ポイントは？

・何か問題が起こったときに，保護
者連絡が心配です。どのようなこ
とに注意したらよいでしょうか？
・保護者とは良好な関係を築きたい
ですが，クレーム等が心配です。
どうしたらよいでしょうか。

・まずは，日々の生徒の様子と心配
な状況を伝え，保護者の困り感に
寄り添うことが大切です。
・遅刻や欠席等，課題が小さいうち
に連絡をして，生徒の課題解決の
ために共に頑張るパートナーであ
ることを確認しましょう。

生徒の良いエピソードを伝え，保護者の労をねぎらう

　保護者への連絡は何か問題が生じたときが多いかと思います。その際に注
意することは**問題から始めない**ということです。

①(A)日常の良いエピソードから入り，(B)こちらの心配な状況（課題）を率
　直に伝え，(C)どういう対応をしたかを伝える。

　「(A)いつも，元気に登校してくれて，自分から挨拶ができる〇〇さんなの
ですが，(B)今日は〇〇の授業に出ずに，トイレに行っていて，(C)中抜けと
言う形で放課後に学年の教員で指導をしました」

②学校の対応に対して，(A)生徒がどのような反応をし，(B)それに対して学
　校の指導内容を伝え，(C)心配していることを伝える。

　「(A)本人は授業で先生が言っていることがわからないし，つまらないと言
っています。(B)私としては，わからないところを質問できるようにし，ど
うしても気持ち的に授業に出られない場合は，先生に事情と居場所を伝える
ようにと指導しました。本人には先生も相談に乗るから，諦めずに一緒に頑
張ろうと伝えました。(C)高校は欠席が溜まってしまうと進級に関わるので，
これから欠時が溜まらないかと心配しています」

③(A)家庭の状況を聞き，(B)保護者の困り感に寄り添い，(C)学校と家庭が一緒になって協力して生徒の課題を解決していこうと伝える。

「(A)ご家庭での様子は如何ですか？　(B)（※ここではこちらの意見を挟まず，保護者の困り感を話してもらい，**傾聴する姿勢**を持つ）(C)大変だと思いますが，進級・卒業して欲しいという思いは一緒だと思いますので，一緒に声掛けをしていきましょう。こちらからも今後，心配なことは連絡しますので，何か家庭でも変化があったらいつでもご連絡ください」

ポイントは，**保護者と担任（学校）は生徒の課題を解決するための強力なパートナーである**ことを確認することです。こちらが本当に心配していること，諦めない姿勢を持っていること，家庭の協力も必要であることを確認します。保護者の労をねぎらって，一緒に課題解決していこうと伝えましょう。

先手指導の大切さ

学校の指導がなかなか入らず，帰宅指導をすることもあります。しかし，本人が指導に納得していないまま帰宅し，こちらの意図が伝わらないまま，保護者に伝わると，クレーム等につながります。大切なのは，**指導をした直後に家庭連絡をすること**です。生徒から家庭に意図とは異なる方向で指導内容が伝わる前に，こちらから連絡をし，保護者に指導の意図を伝えましょう。

小さな変化も見逃さない

生徒が無断欠席をした場合は保護者に必ず電話します。生徒が学校に行っていない状況を学校からの電話で初めて知るというケースもあります。こうした**日常的な保護者とのコミュニケーション**で，先生は自分の子どものことを本気で心配してくれているという信頼構築につながります。但し，保護者とうまくいっていない生徒には生徒の携帯電話に直接電話する場合もありますが，必ず生徒の所在や状況を確認しましょう。また，保護者連絡をした際には，必ず**日付・時間と電話内容を記録**しておきます。連絡がつながらなかった際にも電話をした日付・時間は記録しておきましょう。

保護者対応・懇談会

55 保護者会・懇談会の運営はどうする？

- ・保護者会ではどんなことを話したらよいのでしょうか？
- ・初めての担任なので、保護者から不安がられるのではないかと心配しています。どうしたらよいでしょうか？

- ・まずは、生徒の様子（できれば良かったエピソード）を担任の想いを添えて伝えましょう。
- ・誰もが通る道です。担任の生徒に対する一生懸命な姿が保護者の心を動かします。想いを伝えて保護者を協力者にしましょう。

生徒の写真等を撮りためたスライド等を用意

　保護者会に来られる保護者の方は生徒の学校での様子が特に気になっています。できたら，**保護者会に来られる方の生徒が映っている写真をスライドショー形式で保護者に見せ，学校の様子を伝え**ましょう。全体会では，保護者の皆さんが集まる前に学年の先生で撮りためた写真のスライドショーを流しておくと待ち時間が和やかな雰囲気になります。

全体会・クラス懇談会の流れ

　各クラスの懇談会の前に，学年全体での全体会が行われることが多いかと思います。全体会の流れは，**①校長挨拶，②学年主任・担任団挨拶，③各分掌主任（教務・生活・進路）からの概況説明，④学年の担当者からの概況説明・行事の連絡等**です。生徒の良いエピソードをまず伝え，課題となっていること・保護者に協力をお願いしたいことを，**「生徒にこうなって欲しい」**という想いを載せて伝えていくようにしましょう。

　クラスの懇談会では，担任が主導で進めなければいけないため，少し緊張するかもしれません。緊張をほぐすためにも事前準備が重要です。

事前準備としては以下のようなものがあります。

---

(1)教室清掃をし，机を円の字型にし，向き合って話ができる形にする。

(2)保護者が座る席に生徒名が記載してあるネームカードを置いておく。

(3)生徒の様子がわかる写真等が掲載されたスライドを用意しておく。

(4)本日の次第や議題のレジュメを用意しておく。

(5)保護者アンケートを準備しておく。

ネームカードを用意しておけば，席への誘導もスムーズになりますし，保護者同士のコミュニケーションも円滑に進むでしょう。まずはアイスブレークで，担任の自己紹介から始め，保護者にも自己紹介して頂き，最近の生徒の様子で気になっていること等を話してもらうとよいでしょう。その後，担任からの伝達事項はレジュメがあると，何かと話のネタに困ったときに安心です。レジュメに掲載しておく内容としては以下のようなものがあります。

---

(1)**クラスの状況報告**：出欠状況，行事の報告，気になること

　　→スライドで写真等を見せながら説明するとよい

(2)**学習面**：考査の結果，提出物の状況，模試の結果，選択科目について

(3)**生活面**：身だしなみ，規則正しい生活習慣（出欠・遅刻），言葉遣い，挨拶，私物の管理（ロッカー整理），SC・SSW・心理士等との連携方法

(4)**進路面**：推薦要件，卒業生の進路先，進路面談，進路決定に向けて

(5)**今後の予定**：学年行事，考査の予定，長期休業中の予定等

「こんなクラスにしたい」「こんな生徒を育てたい」「こんな素敵な瞬間がたくさんあるクラス」というように生徒への担任の「**想い**」が溢れた保護者会にし，保護者の皆様を担任の協力パートナーにすることが大切です。最後に簡単に，生徒の様子で最近気になっていることや担任に伝えておきたいこと等を書いてもらうアンケートを用意しておくとよいでしょう。

▶保護者対応・懇談会

56 保護者への電話がつながらないときは？

・生徒のことで保護者に何度も電話をしているのですが，連絡がなかなかつながりません。どうしたらよいでしょうか？

・1日1回でも連絡をし続けましょう。その都度，連絡した時間等を記録に取っておきます。状況が変わらなければ，管理職等に相談して複数で家庭訪問に行きましょう。

日常的にコミュニケーションが取れる関係性に

　電話等に保護者が出てくれない理由として，「子供の問題をまた学校から指摘されるのにうんざり，責められるのではないか？」という心理があります。何も問題がなければ電話することはないのですが，何かあって電話をしてつながった際は**保護者との信頼関係**を作るチャンスです。ポイントはこちらの**困ったことだけを一方的に言わない・保護者に責任を押し付けないこと**です。保護者も一生懸命やっているが，どうにもならなく悩んでいます。保護者も担任も共に困っている共感的な土俵に立ち，**保護者の困り感に耳を傾けて共感するという姿勢**で対応するのです。そんな中でも，生徒の学校生活で良かったエピソードを1つでも伝え，良いところを伸ばしていき，課題を克服できたら最高だということを共有できると良いです。担任としてその生徒のことを心配している・何とかしたい・でも自分の力だけでは何とかできないので生徒の成長を支援する仲間になって欲しいという想いを伝えます。

課題がある生徒の保護者ほど連絡がつながりづらい

　電話等で保護者と連絡が取れ，日常的に協力体制を築ける家庭であれば生

徒指導に課題があっても対策を取りやすいのですが，問題なのは，保護者となかなか連絡が取れない家庭です。進路多様校では，（精神的・身体的）虐待・ネグレクト等，家庭環境が複雑な場合も少なくなく，対応に苦慮します。特に，生徒が家庭に帰ってきておらず，家庭もそのことに関心を持っていない場合もあります。必ず１日１回でも電話をかけ続け，電話に出ない場合でも，いつ（日時・時間）・誰に（携帯・家）・どんな要件で電話をしたのかを記録に取っておくことが大切です。何かあった際に，学校側も対応をしていることを示す証拠になります。留守電の場合，留守電に「○○さんのことで連絡が欲しいので，折り返し電話をお願いします」と伝言に入れておきます。

電話に出てくれたら

　滅多に電話に出ない保護者が電話に出てくれた際には，「お忙しいことと思いますが，○○さんのことが心配な状況です。こちらからも連絡を取りたいので，いつ頃でしたら電話がつながりやすいでしょうか？」と聞いておきます。最後に，生徒の成長のためには保護者の協力が必要不可欠なので，協力をお願いしたいことを伝えます。

どうしてもつながらない場合は家庭訪問

　何度電話してもつながらない場合は，学年主任・管理職等と相談して家庭訪問に行きましょう。家庭訪問は必ず複数で行うようにしてください。家に到着したら，インターホンで出てくれた場合は玄関で生徒の状況を伝え，学校から連絡したいことがあるので連絡が取りやすい時間等を聞いておきます。居留守を使われる場合が多くありますが，名刺を必ず持参し，裏にメッセージを書いて，ポストに投函します。その数日後に，電話連絡がつながったこともあります。家庭訪問によって，状況把握や新たな事態が進行することもあります。自宅の周りが荒れ放題で手入れがされていない，アパートが空室で，学校に届けを出さないまま引っ越していた，等もありました。いずれにせよ，家庭訪問も生徒理解の１つの手段になるということです。

> 部活動

57 放課後の居場所づくりとしての部活動のあり方とは？

・部活の顧問をしていますが，部員集めに苦労しています。どうしたらよいでしょうか？

・進路多様校では，部活動を継続して行うことが難しい生徒が多いです。まずは，担任や学年の先生と連携して，頑張れそうな生徒に個別で声をかけ体験入部に参加させてみましょう。

進路多様校では厳しい部活動ほど人が集まらない

　進路多様校では，放課後や休日の課外活動である部活動がなかなか活発にならないのが現状です。部活動全員入部として形だけは入部したとしても，次第に活動に参加しなくなります。活動日数が多く，試合等もあって厳しい印象の部活動にはとにかく人が集まりません。進学校では，人数が多く，チームも分けざるを得ないサッカー部や野球部等も活動部員は数人です。

　彼らにとって，放課後の時間の多くはアルバイトに費やされます。アルバイトが家庭の収入源の多くを占めている場合も多いのです。そうでなくても，自分のことは自分でという家庭が多く，スマホ代・食費・定期代・プライベートでかかる費用は自分で支払っている生徒もかなりの割合です。

進路多様校における部活動の意義

　こうした実情からわかるように，放課後や休日に時間を作れる生徒は多くはありません。では，部活動の意義は何でしょうか？　進路多様校における部活動の意義は，「生徒の第3の居場所づくり」であると考えます。第1の居場所がクラスだとすると，クラスに馴染めない生徒は学校生活が苦しいも

のになります。また，一番安心できる居場所であるはずの家庭環境が落ち着かない生徒もいます。そうした生徒が放課後に出入りできる居場所が部活動であればよいと考えています。

真面目な生徒の居場所づくりとしての ESS 国際交流部

　私自身，ESS 国際交流部という部活動を立ち上げた理由の 1 つは，ある生徒が安心して成長できる場所を作りたいという想いからでした。自分が担任していた少しヤンチャな生徒が多いクラスに，1 人の真面目な男子がいました。毎日放課後に最後まで残って担任の清掃等の手伝いをしてくれる心優しい生徒でした。彼は中学校時代にいじめを経験しており，高校入学後も落ち着きがないクラスにいて，自分は続けていけるだろうかという不安を抱えていました。頑張りたいが，なかなか自分 1 人では頑張り方がわからず，行動に移せないというタイプの生徒だったのです。その生徒に声をかけ，私の専門分野である英語で，英検 3 級取得を目指して放課後，土曜に補習を行うことにしました。真面目な彼は毎週参加し，力をつけてきました。学年の中で，他にも頑張れそうなタイプの生徒に声をかけ，3 人くらいがコンスタントに補習に参加するようになりました。部員も増えたので，英語補習だけでなく，地域の英語観光ガイド，飲食店マップ，PR 動画の作成等，地域に生徒を出して活動をさせるようになりました。最終的には，自分たちの取り組みを校外でも発表する機会を設け，東京都大会・全国大会等の数多くのコンテストでも受賞する学校の看板となる部活動になりました。

　進路多様校には，なかなか自分から出ていけなくても，プラスの声掛けを行えば頑張れる生徒がいます。教員は，問題行動を繰り返すヤンチャな生徒だけに目がいってしまいがちです。しかし，こうした真面目な生徒の学習権を保障し，活躍できる居場所づくりをしていかなければ，「こんなはずじゃなかった…」と生徒の中途退学にもつながってしまいます。担任からも，頑張れそうな生徒を部活動への入部に向けて**個別の声掛け**をしていき，顧問と連携して生徒の成長を組織的にサポートしていく体制にしましょう。

部活動

58 生徒が大人や地域・企業とつながってホンモノ経験をするためには？

・部活動は生徒の主体性に任せていて，あまり行けていません。出席率も悪いと聞いています。どうアプローチしたらよいでしょうか？

・部活動にはなるべく顔を出して，部活の運営方法を生徒に示していく必要があります。校内に留まらせずに，校外で活動する機会を増やすのもポイントです。

教員による支援が必要な部活動指導

　進学校では部活動は生徒主体で進めていくものであるという意識が生徒にも根付いていますが，進路多様校では，軌道に乗るまでは教員がある程度の主導権を握って部活動の運営を**マネージメント**していく必要があります。「居場所づくり」でありつつも，いつでも出入り自由な馴れ合いの環境では，部活動を通しての生徒の人間形成につながりません。そこで，**部活動の活動目標・ルールを，生徒と話し合いながら決めておく**ことが大切です。

(1) 遅刻・欠席をしない→部活の活動時間を明示する
(2) 始まりと終わりは必ず教員が行き，出欠確認や振り返りミーティングに参加
(3) 遅刻・欠席・早退の連絡は顧問と部長に必ず直接行う
(4) 活動に関係ない理由でスマホ等を行うことは禁止
(5) お互いが思いやりの気持ちを持って部員に接する
(6) 気持ちの良い挨拶を自分から積極的に行う
(7) 感謝の気持ちを忘れない
(8) 活動後は整理整頓・清掃・消灯等を忘れずに行う

部活動は1人でやるものではありません。仲間・顧問・外部の方がいて初めて自分たちの活動が成り立つのです。支えてくれている周りの人への「思いやり」「感謝」を忘れないで活動することの大切さを伝えていきましょう。

地域や企業，他校とのつながりを大切に「ホンモノ」経験をさせる

ESS国際交流部では，地域の飲食店にアポを取らせ，生徒が直接インタビューに行くことから始めました。地域の大人が高校生に求めていることや地域の魅力・課題をどう捉えているかを直接伺い，それを飲食店マップの形で反映させました。地域新聞にも生徒の取り組みを発信したところ，地域の方からも「高校生と歌やダンスで地域の自然の魅力や課題を発信していきたい」というお話を頂き，部活動に参加して頂けるようになりました。その方のミュージシャンとしての経験から，作詞作曲を生徒と協働で行い，iTunesやSpotifyを通して，楽曲を全世界に配信できました。また，こうした取り組みを校外のコンテストでも発表し，最優秀賞を受賞するとともに，他校生徒との交流や読売新聞・東京新聞・産経新聞等のメディアからの取材，地元金融機関からの予算のバックアップ等を頂き，社会との接点を持たせることで生徒は本気になっていきました。

校外での発表の際，ASD傾向の生徒が，緊張のあまり，発表後に倒れてしまいました。しかし，その発表が高く評価され受賞経験を得たことから，その生徒はどんどん力を伸ばしていき，全国大会入賞や生徒会長として全校生徒の前で堂々と話をできるレベルにまでなりました。この生徒は，ESSの校外での発表で初めて自宅と学校の往復以外の区間の電車に乗りました。思い切って校外に生徒を出し，学校外の他者から評価して頂くことで自己肯定感は高まり，自信につながって生徒自身の可能性を拡げていけることを確信した経験でした。

こうした外部とのつながりを持つことで，自校の常識が通用しないことも生徒は学んでいきます。**活動の後は，ミーティングを必ず行い，振り返り**をさせ，課題と今後の活動に向けての取り組みを言語化させます。

▶ 部活動

59 「面倒くさい」ことが嫌いで，「ラクしたい」生徒たちには？

・部活動は専門外なのでどう関わっていったらよいか悩んでいます。どのように運営していったらよいでしょうか？

・部活動指導で大事なのは技術指導よりも，生徒指導です。最大限の力を発揮していく際に必要なチーム力を高めていくために，厳しいことも伝えられるようにしましょう。

ほったらかしでは生徒は育たない

　前項でも，部活動の活動目標・ルールを示すことの大切さを述べましたが，無断遅刻・欠席を繰り返す等，ルール違反をする生徒がいたら，皆さんは顧問としてどうしますか。あまり顧問の先生が参加しない部活動では，「遅刻・欠席が当たり前で気が向いたときに行けばよい部活」の文化ができます。そのまま放置しておくと，活動中に飲食・スマホ使用等，部活動の雰囲気はますます乱れていきます。進路多様校では，面倒なことも見逃さずに指導するという姿勢が大事です。無断で遅刻・欠席した生徒には必ず声をかけて指導をし，次回に向けてどうしていくかを個別で話をします。

厳しさも時として必要

　部活動全体の雰囲気が緩んでいるときは，**厳しく指導を行う勇気**も時として必要です。真剣に話し合うミーティングの際に，いつも通りのテンションでワイワイ楽しく，教員の助言を軽く流したり，ふざけた突っ込みを入れたり等の場面がありました。そのとき，私は顧問として，そうしたメリハリがない部活の雰囲気について，厳しく叱るとともに，非常に悲しく，今の君た

ちの姿を応援できないと想い
を伝えてその場を去りました。
いつもとは違うトーンで生徒
たちに伝えたため、生徒も真
剣な表情になり、涙を流す生
徒もいました。その後、静か
に様子を見に行くと、皆で何

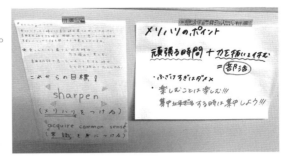

かを話し合っている雰囲気がありました。この日は帰りのMTGも行いませ
んでした。日が暮れてから部室を見に行くと、部室のドアに写真のような掲
示が貼ってありました。生徒たちなりに部活の在り方を振り返り、メリハリ
のポイント＝「頑張る時間＋力を抜いて休む」（楽しむときは楽しみ、気を
引き締めて集中するときは集中しよう！）といった目標を掲示していました。
言われたことを受け止めて、どう行動するかという行動指針を部員全員で話
し合うことができました。これが本当の主体性だと感じます。教員は**生徒に
気づきを与える（考えさせる・振り返らせる）きっかけを準備する**ことが大
きな仕事の1つだと感じた経験でした。

困難なことを乗り越えて成長がある

　部活動は必須の教育活動ではないため、強制力はありません。厳しい指導
をしていく中で辞めていってしまう生徒も少なからずいます。部活動として
は、それは致し方のないことだと考えています。全く部活に来ないのに部活
に所属していることになっていたりするのは良くありません。自分には合わ
ずに辞める場合には自分で顧問の先生に直接相談し、退部届を出すという責
任を果たさせる必要があります。

　部活動を通して、どんな生徒を育てたいのかという理念を顧問が持って、
ブレずに指導にあたることが大事です。生徒が**困難なことにも諦めずに向き
合い、工夫して立ち直る力を身に付け**、その経験を言語化できるようになれ
ば、生徒の将来につながるかけがえのない財産となるはずです。

> 部活動

60 「厳しさ」と「優しさ」のバランスはどうすればいい？

・生徒に厳しく指導してしまうと、来なくなってしまうのではないかと心配で、あまり厳しく指導できません。どうしたらよいでしょうか？

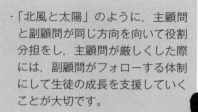
・「北風と太陽」のように、主顧問と副顧問が同じ方向を向いて役割分担をし、主顧問が厳しくした際には、副顧問がフォローする体制にして生徒の成長を支援していくことが大切です。

担任や副顧問との連携

部活動では、主顧問と副顧問が配置されていると思います。ここでは、教員間の役割分担についてお話します。主顧問は部活をマネージメントする立場であり、生徒に最も近い存在で、時に厳しく指導することもあります。厳しく指導した際に、**フォロー**を入れるのが副顧問や担任

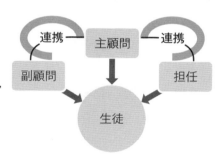

という形で役割分担をしておくことが大切です。ここで、生徒の言い分を聞き、そこに同調するような形では主顧問が敵になってしまいます。あくまでも、**主顧問が伝えたいメッセージを生徒に寄り添う形で翻訳して伝えていく**ことが求められます。何かあったときには、相談に来られる関係性づくりもしておきましょう。このように、常に主顧問・副顧問が連携を取り、生徒の状況や育てたい生徒像を共有しておくことが大切です。生徒の状況は、クラスや家庭状況によっても変化しますので、**クラス担任から情報を収集**しておくことも必要になります。

部活動日誌の作成

　教員が活動内容を把握し，生徒が活動の振り返りができるように，部活動日誌を部員間で交代して作成するようにしましょう。部誌ノートの表紙裏に以下のように記入項目と記入例を掲載しておきます。

・記入者：●●●●
・日時：2024年4月12日（金）　15：30～16：45
・参加者：○○○○・▲▲▲▲・◇◇◇◇・××××（4名）
・遅刻者・早退者と理由：◎◎◎◎（補習）（1名）
・欠席者と理由：□□□□（風邪）（1名）
・部活内容：腹式呼吸（寝る→起きる）・ハミング・発声・滑舌・外郎売り
　　　　　　DVD鑑賞「★★★★」(60分)「銀河旋律」（Scene 3）セリフ練習
・感想
・反省　　　　　　　　　感想・反省に対してフィードバック
・顧問からのコメント　　のコメントを入れましょう。

1人1人の対話的な関係性づくりを行う

　外部でのイベント参加後や大会後，3年生の引退式等の場では，生徒1人1人に想いや感じていること，気づき等を話してもらうようにします。生徒が本音で語るには，**安心感のある場づくり**ができるかどうかが鍵です。部員には途中で口を挟まずに**相手の気持ちを想像し，共感しながら最後まで「聴く」姿勢を持つ**ことを伝えます。沈黙も大切なコミュニケーションです。発言の順番も決めずに，準備ができた人から話をしてもらいます。

　こうした訓練の積み重ねを1年生のときから行っていくと，3年次の引退式では感情を込めて自分の想いを相手に伝えられるようになります。私の経験では，部活の引退式で3年生が1人10分以上も話をして夜20時くらいまでかかったことを思い出します。「最初は先生のことが大嫌いだったが，乗り越えて成長できた。続けて良かった」というエピソードを具体的に語ってくれたことが心に残っています。部活は人間的な成長を促す場なのです。

地域との協働

61 進路を意識した地域探究活動とは？

・「地域から信頼される学校づくり」が謳われていますが，地域からはいつもクレームの電話が来ており，生徒を地域の活動に出させることに不安を感じています。どうしたらよいでしょうか？

・まずは，学校を地域に開放し，地域の方に学校に入ってきてもらうこと，そして，地域のイベントに生徒を参加させ，地域との信頼関係を作っていきましょう。

学校を地域に開放し，小さな信頼関係づくりから始める

　残念なことに，通学のマナーや地域周辺で喫煙・バイク駐車・窃盗等で地域に迷惑をかけることが多いなか，教員側としては地域と協働した活動に取り組ませたいが，躊躇してしまうことがよくあると思います。しかし，地域も高校生の若い力を求めていることがあります。学校運営連絡協議会だけでなく，地域に学校行事や学校公開，公開講座を開放して地域の方に学校の教育活動に参加して頂き，その後，教員との対話の時間を設けることが大切です。地域も課題を抱えており，「若い力」を求めていることがよくあります。

　最初は生徒会や熱心に活動をしている部活動の生徒を中心に，地域の清掃活動やボランティア活動などに参加させ，**地域からの信頼を獲得**していくようにしていきましょう。そうしたことの積み重ねで，地域の方から，「地域の課題を若者の力で解決したい」という声が出てくることがあります。地域から声をかけてもらったら大きな一歩ですね。

探究を支える３つの柱

　答えのない問いに立ち向かう「探究」活動を学校全体の教育活動に落とし

込むとどのようになるでしょうか。以下はそのイメージ図です。

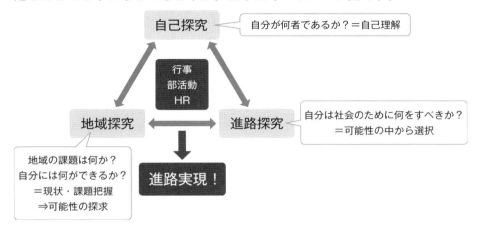

「探究」の授業を通して自分の強みを知り、「自分に何ができるのか？」という自己探究を深め、地域というフィールドの中で、地域の魅力と課題に直面しながら、「自分が社会のために何をすべきなのか？」という課題意識を持てるようになることが大切です。つまり、自分を知る「**自己探究**」、自分の強みを地域というフィールドで活かす「**地域探究**」といった活動を通じ、自分が社会のためにすべきことを考えていく「**進路探究**」という三者が相互に関係づけられることによって、生徒の進路開拓につながっていくのです。

生徒の進路はフィールドの中で開拓される

他者や社会との関わりを通じて生徒は成長していきます。学校内は同質的な集団で、ともすれば、「〇〇高校の常識」が形成されます。「類は友を呼ぶ」ではないですが、生徒は同じような仲間と付き合う傾向にあります。「**教室の中だけが学びの場ではない**」というのが持論です。その学校が属する地域が最高の学びの場であり、大人や社会との接点を作るチャンスとなります。普段はシャイな生徒が地域の街頭インタビューにチャレンジしたこともありました。地域で起業している素敵な大人との出会いで、生徒の進路先が決まったこともあります。地域の中で生徒が成長していく場づくりをしましょう。

地域との協働

62 地域と連携した探究活動を運営するためには？

・地域と連携した活動が求められていますが，まず初めにやるべきことはなんでしょう？

・まずは，3年間の探究の授業を通して，生徒にどんな力を身に付けさせたいのかを教員間で共有しましょう。3年間の探究の全体計画をイメージして個々の計画を策定します。

3年間の探究の授業を通して育てたい生徒の姿を共有

「総合的な探究の時間」は各学校の特性に合わせて内容を自由に設定することができ，決まった教科書もないため，担当に割り振られた先生方が毎週何をするか頭を悩ませている状況が様々な学校でも生じているのではないでしょうか。そうした課題を解決するためには，校務分掌に探究を統轄する主任を置き，探究委員会を設置して，学年の先生とも連携し，**3年間の探究学習を通して，どんな生徒を育てるのか，生徒がどんな力を身に付けて卒業して欲しいのかを教員間で共有し**ておく必要があります。生徒の実態に合わせて，例えば，右のように各学年の探究テーマを決めます。1年生は

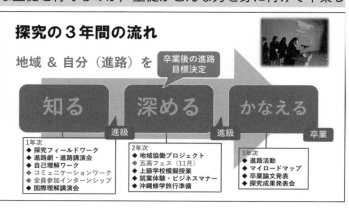

160

地域の課題を「知る」ために、地域の魅力を知るためのフィールドワークや地域の大人の話を聞く機会等を多く設けます。2年生は、1年生の経験をもとに、地域の課題を地域の方と高校生が協働で解決していくプロジェクト学習を行い、地域課題を深めていきます。3年になったら、これまでの取り組みを検証し、論文作成や成果発表を行って地域に提言を行います。こうした活動を通して、①地域の課題を言語化し提言できる生徒、②課題解決に向けて主体的に行動に移せる生徒の育成等を行っていきます。

探究のコンセプトと探究活動の流れの共有

探究とは、「問うことを通して何かを探し求める」ことであり、thinking（頭の中で考える）だけでなく、doing（行動を伴う経験）が探究活動である（田中、2023）ことを共有しておくことが重要です。教室の中だけで、学習者用に作られた課題は面白くなく、白けてしまう原因となります。生徒が本気になるのは、社会（地域というフィールドや大人）との接点を持たせ、協働して高校生が課題解決の主体となって活動する経験をしたときです。探究活動を行う際に、生徒に意識させたい6つのポイントをガイダンスや発表資料作成の際に、下図のような形で生徒に示します。教員の打ち合わせの際にもこのフォーマットで生徒に探究活動をまとめさせるよう先生方に伝えていきます。「現状把握」から「課題解決の可能性の探求」、「可能性から選択し行動」、そして「行動計画、実行、振り返り」という段階を踏みます。

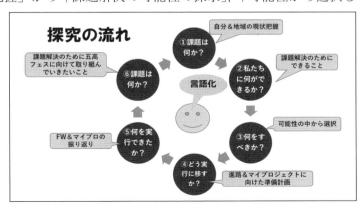

地域との協働

63 地域の協力をどのように仰ぐ？

・地域と連携した活動が求められていますが，具体的にどのような機関と，どのような機会で連携したらよいでしょうか？　その際，注意すべきことはありますか？

・まずは，地域住民との信頼関係を作り，地域の方を学校教育の「協力者」にしましょう。そして，地域の悩みにも耳を傾け，学校と連携してできることを話し合ってみましょう。

探究活動のサイクルを回し，発展的に継承

　探究活動は p.161で示した通り，始まりがあり，終わりがあるのではなく，動的であり円環的なものになります。ディスカッションでアイディアを生み出し，アイディアの中から実行することを絞り，実際の実行計画を練って，実行に移します。実行に移したら必ず**振り返り**を行い，その都度，プレゼンテーションを行い，プロジェクト外の人の意見も聞いて，課題を見出し，さらにプロジェクトを深化させていきます。このようなサイクルは3年で完結するものではなく，後輩にも引き継がれて発展させていくものになります。

地域の様々なアクターとの連携

　探究活動を本物の活動にするためには，地域の様々なアクターと連携をすることが重要です。例えば，以下のような機関が考えられます。

---

(1)自治体との連携…市役所，町役場，村役場等との連携

(2)大学・短大・専門学校との連携…先生や学生の相互交流，学生サポーターの派遣

(3)商工会との連携…地域フェスやイベントへの出展，共同開催

---

(4)周辺企業との連携…企業人講話や就業体験，商品開発，広報活動等
(5)NPOとの連携…子ども食堂や環境教育等に関する団体とのコラボ
(6)地域住民との連携…見守りボランティア，清掃活動，学校イベントへの出店等
(7)メディアとの連携…新聞，テレビで活動を広報

「クレームを伝えてくる地域住民」を「学校の教育活動への協力者」に変えていくことが目標です。学校との接点がない限り，度々問題を起こす生徒がいる学校は「厄介者」としての扱いを受けることになります。しかし，学校運営連絡協議会や地域の集まり等で地域住民と教員が接点を持つことで，地域や教員の悩みを共有し，学校は地域の「協力者」であることを地域住民に認識して頂けるようにします。顔を合わせた信頼関係を作りましょう。

地域と学校がwin-winの関係になること

学校と地域との信頼関係ができてくると，互いの悩みを共有しやすくなります。問題行動を起こす生徒の指導の話をした際に，「昔は私も地域のワルだった。今の高校生の有り余ったパワーを発揮できる地域での農作業や祭りのプロジェクトに是非誘って欲しい」といった提案を頂けたこともあります。また，地域イベントの担い手や地域活性化のための高校生の柔軟なアイディア，SNS等を活用した発信等，地域の側が若い力を求めていることもあります。高校生とコラボした商品開発や商品パッケージ・ポスター・動画の製作，地域の魅力を発信するキャッチコピー等は好評で，地域向けのイベントで販売した際には普段の売れ行きの3倍以上だったこともあります。このように，学校の為にも地域の為にもなるwin-winな探究活動にしていくことが大切です。

あじさい茶のパッケージを高校生がデザイン

生徒オリジナルのキャッチコピーをのせたオリジナルデザインポスター

地域との協働

64 生徒が探究活動に本気にならないときは？

・生徒が探究活動は「面倒くさい」と言ってやりたがりません。彼らがやる気を出して活動するにはどうしたらよいでしょうか？

・生徒を思い切って地域のフィールドに出してみましょう。地域の方との交流やイベントなどの「本物の活動」に生徒を関わらせることがポイントです。

生徒が「本物である」と感じる活動の場を用意する

　1年生での地域を「知る」というテーマで様々な体験活動を行い，地域の魅力や課題を感じた生徒たちの次のステップを考えてみましょう。2年生では地域を「深める」というテーマで，地域の課題解決に生徒たちが主体となって取り組むことを目標とします。探究活動のポイントは<u>白けない場づくり</u>で，生徒が<u>本物であると感じる活動</u>に関わらせることです。生徒向けに作られた教材の中では生徒は本気になりません。生徒を本気にする鍵は，実際の地域というフィールドを活用することです。地域の方と話をしていると，若者の力を活用して地域を盛り上げたいという想いを持っている方がたくさんいらっしゃることがわかります。そこで，そうした方々に声をかけ，4月当初の授業ガイダンスで登壇してもらい，「今，地域で〇〇な活動をしているが，〇〇なことに悩んでいる，高校生の力を貸して欲しい！」とあえて<u>大人の悩みを生徒の前で打ち明け</u>てもらいます。悩みを聞いた生徒は「<u>自分に何ができるか</u>」を自分事にして考えます。地域の方の想いに共鳴した生徒を集め，地域住民と高校生の10名以下くらいの小プロジェクトを作ります。

地域×高校生の課題解決プロジェクト

　生徒の小プロジェクトを作ったら，探究の授業の時間に地域の方に入って頂くようにしましょう。月１～２回でよいと思いますが，来て頂くときは**どんなことを行うか，ゴールの設定，準備しておくこと**等を事前に打ち合わせておきましょう。特に，外に出て活動をする場合は生徒への周知や場所の確認，コーディネーター，管理職への報告，引率の確認等が必要になります。地域の人は教育のプロではありません。あくまでも，リアルな活動の場を提供してくださる方ですので，地域の方任せにするのではなく，授業運営は，教員が主導で進めていく必要があります。

　毎回の**活動の打ち合わせは，授業担当者と地域の担当者が直接行う**ようにし，全体の探究授業のコーディネーターとなる教員に報告（メールではCCに入れる）できるようにしておくことが大切です。全体で行う行事等で来校をお願いしたい場合などはコーディネーターからして頂きましょう。

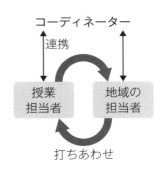

探究活動を充実させることが進路開拓につながる

　様々な信頼できる大人との出会いによって，生徒の進路開拓につながる場合があります。教員側はいつも生徒と接しているので，課題ばかりに目が行きがちです。しかし，地域の方との関わりはその時間だけですので，生徒の活躍を認めてもらいやすいのです。遅刻ばかりで進路が定まらない生徒の活躍に関わってくださった地域の方が声をかけてくださり，「進路まだ決まっていないなら，うちに来ないか？」と言って頂き，就職につながった生徒がいます。探究活動を充実させることは，生徒の進路開拓にもつながるのです。

外部機関との連携

65 SC・SSW・心理士と連携するには？

・ある生徒が人間関係のトラブルで，放課後，毎日話を聞いたりしていますが，進展がありません。最近は学校を休むようにもなりました。どうしたらよいでしょうか？

・担任1人で抱え込むのは限界があります。まずは相談相手としてSCやSSWを紹介してみましょう。「より良い解決策が見つかるかも？」と提案してみてください。

生徒の課題は担任1人で抱え込まない

　様々な背景を抱える生徒が集まる進路多様校では，担任だけで効果的な生徒指導・支援をしていくには限界があります。そこで，スクールカウンセラー（SC）・スクールソーシャルワーカー（SSW）・巡回心理士等の専門家と連携して生徒の支援をしていくことが大切です。課題がある生徒がいれば，校内の「特別支援コーディネーター」に相談し，適切な機関につなげてもらいましょう。

・スクールカウンセラー（SC）：**心理**に関わる支援（カウンセリング等）
・スクールソーシャルワーカー（SSW）：**福祉**に関する支援
・心理士：**発達障害の可能性**のある生徒への支援

　まず，SCは生徒の心理に関わる支援ということで，主に人間関係でトラブルを抱えている，コミュニケーションスキルが弱い，ストレス耐性がない，不登校等の生徒に対して，カウンセリングやトレーニング等を通して支援を行っていきます。SSWは，貧困・虐待等の疑いのある生徒に対して，児童

166

相談所や子ども家庭支援センター等の関係諸機関と連携して課題解決のための調整を行います。発達に課題がある生徒や，恵まれない家庭環境にある生徒の就労支援の相談に乗ってもらうこともあります。心理士については，発達障害のある生徒や，その可能性のある生徒の見立てや実際の個別指導計画等を策定し，担任や教科担当等に助言をしてもらいます。

生徒が相談しやすい環境づくり

　学校にこうした支援体制があることを生徒にしっかり伝えておくようにしましょう。相談できるのは担任や教科担当だけではありません。利害関係のない第三者に話しやすいこともあります。「相談に行くことは決して特別なことではない」と伝えましょう。生徒が様々な大人に相談できる環境づくりが大切です。何かあった際には，「こんな先生が今日来ているので，話に行ってみたら？」という声をかけます。相談の後は，どうだったかを聞いてみて，合わないようであれば無理に継続する必要はないですが，「また相談してみたいな」という生徒には，次回の予定を調整しておくと約束します。同性にしか話せないことや先生には話しにくいこともあります。「守秘義務」があるから，先生には聞いた内容は伝わらないから大丈夫と伝えておきます。
　一方で，「守秘義務」はあるものの，生徒が相談に行っているという状況があれば，担任は先生方から情報を共有して頂くようにしましょう。「任せきり」ではなく，どのように本人を支援していくか共通理解を図ることが大切です。

自立活動の活用

　通級制度とは，「障がいによる学習上又は生活上の困難の改善・克服を目的」とした指導を放課後等に行う制度です。「自立活動」として単位認定もされます。自閉症，LD，ADHD等を抱える生徒が困り感を抱えている場合，保護者と本人の希望を踏まえ，校内委員会で検討し，心理士による発達検査を行い，教育委員会に申請して認可された場合に実施ができます。

外部機関との連携

66 NPOと連携するには？

・進路未決定者がいますが，本人はやる気もなく，面談もよくすっぽかされます。どうしたらよいでしょうか？

・担任1人で抱え込まず，ライフキャリア支援の専門家等に相談してみましょう。学校の教員だけでなく，NPO等の外部機関にも学校に入ってもらい活用していきましょう。

NPOと連携した「放課後みらい塾」の開催

　進路多様校の生徒はとにかく手がかかるので，教員だけでは指導に限界があります。特に進路指導では，志望理由書が書けない，面接で聞かれる項目でどう言語化したらよいかわからない等，個別の支援が必要な状況があります。そこで筆者の学校では，ライフキャリア支援を行っているNPOと学校が提携を結び，放課後の進路指導と進路未定者への支援を行って頂くことになりました。「放課後みらい塾」と称して，3年生の自由選択を取っていない生徒の空き時間を活用して，毎回10名ほどで教室を開放し，2名ほどの講師を派遣して頂いて，個別に指導をしてもらっています。主に進路指導部教員が連絡調整をしていますが，教員の仕事内容をまとめると以下です。

(1)年間スケジュールの確認と講師の派遣依頼
(2)出席票の作成と講師対応
(3)教材の準備
(4)生徒の情報共有（指導前後）

基本的には，生徒の指導をお任せする形となり，調整を教員が行います。毎回の生徒の情報共有は密に行い，それぞれの生徒の進捗状況や課題を確認します。教材については，年度当初に配布している『進路面接ノート』をベースに志望理由書・面接で聞かれる項目について言語化できるように取り組んでいきます。後半になると，進学希望者は，志望理由書を800字程度で一気に書く，就職希望者は履歴書指導や面接練習，志望企業の求人等を決めるための相談に乗って頂く等のことも依頼しました。毎回の指導では，「振り返り」として学んだことを1人ずつ言語化してもらっています。

　1学期の早い段階からこうした取り組みを行うことで，生徒の進路意識も高まったように感じます。ある生徒は，「自分が目指している大学の志望理由書を書いて，大学の魅力を自分ではわかっているつもりでしたが，思っていたより知らなかったです」と感想に書いていました。早めの準備で自分の課題に気づけたのは大きかったと思います。

進路未決定者の個別相談

　夏が過ぎても進路が未決定といった生徒の個別相談にもNPOの専門家を派遣してもらいます。教員の指導にのれない生徒等はこうした第三者に良さを認めてもらいながら個別最適な未来志向の話をしてもらうことが助けになります。家庭の事情で，自宅から通えない生徒等に寮付きで面倒見の良い職場を探してもらったり，保護者との関係で就職活動がストップしている生徒への対応等，様々な角度からアプローチしてもらうことができます。

　そして，卒業後も「切れない支援」をしてくださるのが強みです。教職員は異動があり，卒業後の生徒の様子は把握しきれません。面倒見の良い学校を巣立った生徒は思うようにならずに3カ月もしないうちに退学や離職をしてしまうケースも多く，その後が心配な状況です。NPOを活用することで，そうした生徒たちにも卒業後も支援を継続できる体制が構築されます。

> 修了式・卒業式

67 式の後のホームルームでやることは？

・式の後のホームルームではどのようなことを行い，どんな注意をしたらよいでしょうか？

・式後は通知表を1人ずつ配布して良かった点と課題を個別でコメントするとともに，全体では頑張った生徒を褒め，クラスの課題を共有して，次学期・次年度を迎える雰囲気を作ります。

終業式後のHR

　学校では，学期末に終業式，学期初めに始業式，学年末に修了式があります。「式」は締めくくり，振り返り，次につなげるという意味合いがある重要なものです。生徒には，スマホ等は持ち込まない，正装で，いつも以上に身だしなみに気を配らせて参加させるようにしましょう。列は乱さないことや礼等をきちんとさせることも習慣化しましょう。勝手に列の順番を変える生徒がいたら注意して正させます。この注意を疎かにすると，生徒は好き勝手に順番を変え，私語等が止まらなくなります。

　式の後は，1学期の振り返りをします。ホームルームの流れとしては，

(1)配布物の配布と内容確認
(2)通知表の個票を個別で配布　※他の生徒はこの間に配布物に目を通させておく→1人1人廊下に呼んで，良かった点と課題を伝える
(3)宿題や特別課題の確認　※個別課題が出ている場合もある
(4)クラスの概況報告と担任からのコメント
　　→成績優良者・皆勤者を発表＆拍手，「成績に『1』がついてしまった生

徒が何人いて進級・卒業に向けて心配なので，休み中に挽回しよう！」
等の声掛け

(5)休み中の諸注意の確認

→髪を加工しない，規則正しい生活をする，学期中にわからなかった既習事項は克服する，休み中に何かあった場合の連絡先等を伝える

(6)式の日程と提出物の確認

→始業式の時程，宿題の提出日の確認，通知表の保護者確認票の提出

修了式では年間の記録を蓄積する

　修了式の日には「１年間の振り返り」の意味で，生徒に次頁のような「**３年間の記録**」用紙を配布し，記録を付けさせます。最近はオンラインで記録を付ける場合もありますが，１枚に３年間の情報が一目でわかる形がよいと思います。このシートは３年間使用しますのでなくさないよう，その場で回収しましょう。ここでの記録が，**指導要録や調査書の所見**の資料となります。

　項目としては，住所等の本人の個人情報と共に，**部活・委員会・係・頑張ったこと・検定・資格・表彰歴等**を記載させます。住所変更があった場合は，速やかに住所変更届を提出させます。

　裏面は成績と出欠の記録（遅刻・欠席・早退）になります。成績は通知表をもらったらすぐに転記させましょう。後々，３年間の評定平均等を計算させる際に役立つ情報になります。年度末には成績の全合計を出し，科目数で割って，**平均評定**を記載させておきます。

学習の記録

教科	科　目	評　定　（成績）		
		1年	2年	3年
国語	国語総合			
	現代文B			
	国語表現α・β			
	古典B			
社会	世界史A			
	地理B			
	現代社会			
	日本史B			
	政治経済			

出欠の記録

	1年	2年	3年
欠　席			
遅　刻			
早　退			
出席停止			
欠席の理由			
出席停止の理由			

３年間の記録

※丁寧な文字で書くこと（略字は不可）

<table>
<tr><td>1年　　組　　番</td><td rowspan="3">ふりがな

氏名</td><td></td><td colspan="2">生　　年　　月　　日</td></tr>
<tr><td>2年　　組　　番</td><td></td><td rowspan="2">西暦　20
平成</td><td>年　　　月　　　　日</td></tr>
<tr><td>3年　　組　　番</td><td></td><td></td></tr>
<tr><td>出 身 中 学</td><td colspan="2">立　　　　　　　　　　　中学校</td><td>連絡先
（携帯番号）</td><td></td></tr>
</table>

<table>
<tr><td rowspan="2">入 学 時 住 所</td><td rowspan="2">〒</td><td>自宅Tel</td><td></td></tr>
<tr><td>緊急Tel
（連絡先）</td><td></td></tr>
</table>

<table>
<tr><td rowspan="3">現　　住　　所</td><td>転居日
　　年　　月　　日</td><td>〒</td></tr>
<tr><td>転居日
　　年　　月　　日</td><td>〒</td></tr>
<tr><td>転居日
　　年　　月　　日</td><td>〒</td></tr>
</table>

<table>
<tr><td>ふりがな</td><td></td><td rowspan="2">保護者住所
（別居の場合のみ記入）</td><td>〒</td></tr>
<tr><td>保護者氏名</td><td></td><td></td></tr>
<tr><td>　年　　月　　日変更</td><td></td><td rowspan="2">保護者住所変更
（別居の場合のみ記入）</td><td>　年　　月　　日変更
〒</td></tr>
<tr><td>ふりがな
保護者変更</td><td></td><td></td></tr>
</table>

<table>
<tr><td></td><td>1年</td><td>2年</td><td>3年</td></tr>
<tr><td>進　路　希　望

（該当するものに〇をつける）</td><td>民間企業　公務員　四年制大学

　短期大学　　専門学校

　家業を継ぐ　家事手伝い
その他(具体的に)</td><td>民間企業　公務員　四年制大学

　短期大学　　専門学校

　家業を継ぐ　家事手伝い
その他(具体的に)</td><td>決定した進路先
①名称

②住所</td></tr>
<tr><td>具体的な学校名や会社名が決まっていれば、右に記入</td><td></td><td></td><td></td></tr>
<tr><td>所　属　ク　ラ　ブ</td><td></td><td></td><td></td></tr>
<tr><td>クラブ内での役職や頑張ったこと等</td><td></td><td></td><td></td></tr>
<tr><td>ク ラ ス の 委 員 ・ 係</td><td></td><td></td><td></td></tr>
<tr><td>委員・係での役職や頑張ったこと等</td><td></td><td></td><td></td></tr>
<tr><td>生　　活　　面
（服装・頭髪・遅刻・欠席・荷物整理など注意されたこと）</td><td></td><td></td><td></td></tr>
<tr><td>授　　　　　業
（授業への参加態度・テストの準備など）</td><td></td><td></td><td></td></tr>
<tr><td>家　庭　学　習
（宿題や予習・復習の取り組みなど）</td><td></td><td></td><td></td></tr>
<tr><td>行　　　　　事
（学校行事への取り組み、クラスへの貢献について）</td><td></td><td></td><td></td></tr>
</table>

	1年	2年	3年
趣 味 ・ 特 技			
自 分 の 長 所			
自 分 の 短 所			
そ の 他 （アピールしたいこと や学校外での活動、 ボランティアなど）			

各種検定・資格 ※1：受験年月を記 入すること ※2：合格した検定だ けを記入すること ※3：校外で個人的 に合格した検定や資 格取得の記入も可	例	令和3年2月	実用英語技能検定 3級
	1年		
	2年		
	3年		

173

修了式・卒業式

68 卒業式の準備はどうする？

・卒業式が迫ってきました。どのような準備をしたらよいでしょうか？

・卒業式前に表彰生徒を決め，申請を出すなどの作業があります。また，卒業式のしおりや賞状に割印を押すなどの作業があります。

卒業式に向けた準備

卒業式に向けて，学年で準備することを以下にまとめておきます。

---

(1)卒業証書・台帳準備・呼名簿準備・コサージュ・祝品準備
(2)卒業アルバム関係
(3)卒業式しおり，行事の記録
(4)各種表彰生徒・賞状準備等

---

(1)については，賞状に筆耕する名前が間違っていないかを2学期中に生徒・保護者に確認してもらいます。卒業証書を入れる台帳やコサージュの申請も2学期中に進めます。2月に賞状が来たら，名票と照らし合わせて割印を押す作業を行います。

(2)では，教員や部活動写真の調整は2学期初旬に行います。クラスページは11月に〆切となりますが，その後，11～12月にかけて校正依頼が来ます。生徒の名前が間違っていないか等は名票と照合して重点的に確認しましょう。また，写真等に重なりがないかや問題行動等で退学した生徒が入っていない

か等は確認します。

(3)のしおりは当日配布するもので，卒業生の名簿や３年間の記録・表彰の記録等を記載しておきます。私の所属する学年では，次頁のような学年団のコメント付きのものを作成しました。

(4)で「文化活動優良生徒表彰・体育活動優良生徒表彰」等で表彰される生徒は，賞状申請があるため，２学期末には確定させておきます。皆勤賞・優等賞等は成績や登校日があとわずかになった２月に集約しておきましょう。

ロッカーの整理と清掃は登校日で

使用しない教材等は１月から声をかけ，早めに持ち帰るように指導します。一気に持ち帰るのは大変です。卒業式前日までにはロッカー・下駄箱は空にして清掃してある状態にさせましょう。また，プリントや教科書類を教室に捨てて帰ることのないように指導します。

式歌の指導

コロナ禍が明け，ようやく校歌や式歌を歌えるようになりました。式歌は生徒にとってなじみ深い歌であまり練習に時間を要さないものを生徒にアンケート等で選ばせるとよいでしょう。「最後に最高のハーモニーを」という声掛けで，パート練習等を登校日等で行わせます。最後にできるのは歌を通して，お世話になった保護者や先生方に感謝の気持ちを伝えることです。卒業生の答辞の後，代表生徒が「卒業生は後ろを向いてください」と言って，一斉に後ろを向き，指揮者の指揮で歌い始めます。一斉に足を開く，閉じる，皆が指揮の方を向いて声を出す等，ここでビシッと決められると良い卒業式になります。

最後の学年集会と卒業式予行

卒業式前日には卒業式予行と最後の学年集会と表彰を行います。できたら副担任や教科の先生方にも声をかけて参加してもらえるようにしたいですね。

予行では，全員の名前を呼んで，保護者席にも届くくらいの大きな声で気持ちよく返事ができるよう声をかけます。

　最後の学年集会では学年の担任団が1人ずつメッセージを伝えます。そして，「美しい卒業式」にするために気持ちを高めていくように声をかけます。

～YDK74（五高74期生）Memories～ 3年間の歩み

3年間をしみじみ、思い出しながらコメントしました。長かったような、短かったような3年間…1年の時の写真を見ると、遠い昔のことのように思えます。何もない日がないドラマのような日々でした。
怒ったり、時に泣いたり、少し笑ったり…本当に色々なことにチャレンジしましたね。3年間、1人1人に大きな「成長」がありました。作者の個人的な想いが入ってしまっている部分はご了承願います。

令和3（2021）年度　《第1学年》	YDK74始動。どんな学年にしたい!?…入学前から、希望と可能性を語った学年団。全員、このメンバーで卒業を掲げた学年集会。コロナ禍にまだまだ振り回された日々だった…
4月7日(水)　入学式	入学前から「学校に行きたくない」と生徒から連絡が…桜満開は1週間早かった（残念）…これからたくさんの花を咲かせよう！
4月10日(土)　初めての学年集会!!	74期135名が体育館での顔合わせ。クラスごとに丸くなり、「好きなもの」を紹介し、名前を覚えながら自己紹介！拍手したり、和気藹々な雰囲気！新しい友達とワクワクな毎日！
4月22日(水)　学び直しガイダンス	YDK（やればできる）ことを証明するために、来週から学び直しが始まります。中学までの課題を克服しよう！は静かな雰囲気。
5月26日(水)　初の定期考査	朝学習も始まり、定期考査の準備は十分!?　早くも、遅刻欠席の多い生徒がいて担任の悩みは尽きない…転学したいと言ってくる子も…まだ始まったばかりだ。諦めるな！必死に説得。
6月2日(水)　1学年体育祭	コロナ禍でまだ全学年でできず！1学年だけでの体育祭。クラスTシャツを作って、皆一生懸命にやり切っている姿が素敵でした！
6月7日(月)　3者面談開始!!	初の2者面談です！親子で写真を撮ったりする2者面談も！保護者のご協力があっての学校生活です！いくら説得しても転学したいという生徒もいて最初から重い話題も…
6月9日(水)　進路劇！	外部の劇団に来ていただき、これからの自分の進路を考える進路劇を観覧しました。入学したばかりなのにもう進路!?という感じかな？集合も遅く、開場まで待っていて中村は大激怒！
7月7日(水)　SDGsワークショップ	チョコが世界の児童労働や熱帯林破壊にどうつながっているのかを食べながら学んだ。講演後、「自分にできることをしたい！」と声をあげていて感動！
9月当初　コロナ禍再来!!	新型コロナ再拡大により、新学期当初はクラスを半分にしての登校、オンライン対応等に。生徒状況把握のため電話をかけまくり、辛かった！
10月26日(火)　1学年成果発表会	コロナ禍で延期になった文化祭代替の学年行事。各クラスで劇の動画を作成！装飾や衣装等も頑張って、クラスの個性が出た楽しい動画ができました。
11月19日(金)　1学年マラソン大会	コロナ禍により規模を縮小し、学年ごとの開催となったマラソン大会。五日市の良い空気を吸いながら、全員完走！走り切った！普段の授業では見られない活躍ぶりの生徒に感動！
12月8日(水)　台湾竹林高校との交流	修学旅行で訪れる（はずだった）台湾竹林高校とのオンライン交流。英語での交流に緊張しましたが、ESS生徒の「楽しもう！」の一言で場が和み、国境を越える交流ができた！
12月17日(水)　1学年合唱祭	コロナ禍で学年だけの合唱祭に。声が小さい!!喝!!上級生の素敵な合唱を見せたかった…3年生は演奏の後、涙を流していた生徒もいたぞ!!
1月21日(金)　英検全員受験！	英検全員受験の日でした！毎週土曜日に英検対策講習を受けて頑張って勉強した生徒が合格できたのは嬉しかった！
3月14日(月)　地域魅力動画コンテスト	台湾で伝えたい五日市の地域の魅力を発信する動画を作成しました。実際に手足を動かしてオリジナルの魅力的な動画ができました！
22日(火)　英語ドラマ&スピーチコンテスト	英語コンテストを学年全体で行いました。司会も英語でチャレンジ！初めて舞台に出る生徒もいましたが、意欲的によく頑張りました！まだまだ失敗を恐れずチャレンジすることが大事！
23日(水)　TGG校外学習	延期になっていたTokyo Global Gatewayへの校外学習。2時間くらいかけて行った生徒も。オールイングリッシュでネイティブの先生と楽しみながら英語を使っていました！
25日(金)　修了式	激動の1年でした。残念ながら全員で進級はできませんでした。116名が進級です。

令和4（2022）年度　《第2学年》	アフターコロナにより、本格的に制限がない学校生活に！学校生活の中心に。行事に、部活に、探究に全力投球!!　様々なチャレンジが実を結んだ1年間でした。
4月6日(水)　始業式	ドキドキのクラス替え。Aはアウト・マネ、B～D組はアドのクラスに。卒業までいくクラスです。クラス替えは色々悩んだが、悩んでも仕方ない！どんなクラスになるだろう？ワクワク！
5月2日(月)　鎌倉への校外学習	昨年は行けなかった遠足。やっと行けました！鎌倉で地域の魅力発見動画を作ることが目的です。様々な切り口から地域を視てきました！食べ物中心の動画が多かったなあ…
6月15日(水)　SDGs修学旅行ワークショップ	大学の先生をお招きして、2学年で挑戦する「観光甲子園」に向けた企画を練るための講演会を聞きました。地域の観光資源をSDGsのレンズで視ていくポイントを学んだ。
7月7日(木)　地域の魅力発見ワークショップ	シンガーの宮さんから地域の魅力を自分の好きなことと関わらせて楽しみながら探していくことの大切さを学びました。皆で輪になって歌ったのも良い思い出！
7月11日(月)　台湾事前学習ワークショップ	台湾と日本の関係、歴史を知り、台湾に行きたい気持ちが強くなりました！この時は、台湾に絶対行くという希望を信じていたのだが…

176

8月24日（水）	観光甲子園準決勝出場！	観光甲子園2023に探究の1チームが20倍の倍率を突破し、準決勝に出場が決定しました！テーマは「アウトドアで課題解決！」です。
9月30日（金）10月1日（土）	文化祭	3年ぶりに全校、来場者も入れた文化祭です。手作りTシャツを作ったクラスも。ボルダリング縁日やキッキングスナイパー等、各クラスの学びの成果を元に、工夫を凝らしたものが多かった！
10月5日（水）	体育祭	こちらも3年ぶりの全校開催！あいにくの天気で個人種目ができなかったのは残念でしたが、クラスのそれぞれのカラーが出て、皆が心を1つに取り組めた体育祭でした。
10月14日（金）	朝学習週間開始！	中間試験1週間前に。朝学習週間を設け、中間試験に向けた勉強にスタンプカードを利用して取り組みました！
10月28日（金）	羽田・浅草への遠足	コロナ禍収束の目途が立たず、泣く泣く国内修学旅行に変更。修学旅行の集合練習を兼ねて羽田・浅草周辺に。「私の1枚」を撮ることが課題です。
11月2日（水）	地域でのインタビュー	探究の時間で、生徒が選んだ地元の商店街の方々や地域の方にインタビューをさせて頂きました。改めて地域に支えられている学校であることを実感。街頭インタビューを果敢に行った生徒も。
11月16日（水）	フォトワークショップ	羽田・浅草で生徒が撮った「私の1枚」をフォトジャーナリストに来校して頂いて講評して頂きました。沖縄で良い1枚が撮れるようアドバイスをもらいました。
11月後半～	進路決定三者面談	全保護者と三者面談を行いました。対面では初めまして！の保護者も。進路希望を決める面談でしたが、まだまだ定まらない人が多数で、この先が思いやられる…
12月16日（金）	合唱祭	念願の全校での合唱祭です。B組の「イエスタデイ」は会場全体を震撼させ、2学年全体が引き締まった！コロナ禍で無念の練習を強いた先輩達の想いも出し切ってくれた気持ちです。
1月24日（火）	探究発表会	2学年では「五日市の課題を解決するためのオリジナル修学旅行プラン」の作成に取り組んだ。代表者が全校生徒の前で発表。堂々たる発表ができる生徒が増えてきたことに感心。
3月13日（月）	沖縄修学旅行講演会	沖縄修学旅行を学びの多い会とするため、講演会を実施し、戦争という重いテーマも掘り下げて学びました。生徒たちも自分が現地で追究したいテーマが明確になったようです。
15日（水）	JICA地球ひろば校外学習	JICA地球ひろばを訪問して、「持続可能な観光」について見たり、触れたり、話を聞いたりして世界と日本のつながりについての学びを深めました。英語交流も行いました。
17日（水）	英語プレゼンコンテスト	2学年では探究で行っているテーマを英語プレゼンの形で発表しました。PPTを使って英語で立派な発表ができるようになったなあ。チームで協力して学んだ成果を発表できました。
24日（金）	修了式	色々あった1年間でした。「最後まで諦めない」姿勢はなかなか伝わらないなあ…102名で進級です。山本先生との突然のお別れ…
令和5（2023）年度　《第3学年》		**3年間の「成長」を感じた1年！進路活動は毎日夜遅くまで、土日まで取り組んだなあ。大変だった…最後まで心配がつきない生徒も…支えてくれた全ての人に感謝！**
4月6日（木）	始業式	学年団は二宮先生を新たに迎え、AとDはクラスごと逆になるというサプライズが…102人で卒業するぞ!!
20日（水）～22日（金）	修学旅行（沖縄）	1～2日は、平和祈念公園・ひめゆり・ガマ・ガンガラーの滝・美ら海水族館、3日は沖縄の文化と自然に親しむ班別行動と国際通り散策です。
		行きと帰りに体調を崩した生徒がいて、ヒヤッとする場面も。中学校時代、中止になってしまった生徒もいたようなので、まずは、皆で修学旅行に行けたことに感謝！
		夜までプログラムがギッシリ。学んで欲しいことを盛りだくさんのプログラムだったが、どれだけ伝わったか？…生徒が一番心に残ったのは「夜の部屋の中」だというのは複雑な気持ち…
5月2日（火）	本格的な進路活動開始	修学旅行解散式の後は、いよいよ進路活動！就職、専門学校、短期大学、四年制大学…、身だしなみを整えて、気持ちを引き締めて、進路ガイダンスに臨みます。
6月20日（火）	あじさい山フィールドワーク	地域の「あじさい祭り」イベントに参加し、接客手伝い等も行いました。NHK World Newsの取材を受け、世界デビューした生徒も。
7月11日（火）	国際理解講演会	ルワンダからルダシングワ真美さんやガテラさんをお呼びして、真の国際協力とは何かを学びました。愛は国境や様々なバリアを越えるんだ!!
9月29日（金）～30日（土）	文化祭	最後の文化祭です。日々の学びの成果を活かした本格的なアウトドア喫茶や、地域と連携したオリジナルワールドカフェ等、一生懸命な姿が見られて良かった！
10月5日（木）	体育祭	大和田紅組団長、並木虹組団長を中心に、クラスの団結が美しかった。大縄の練習時には6回くらいだったのに、練習して当日、心を合わせて46回飛べたB組に感動。
11月18日（土）	五高フェス	初の3学年全体での開催！探究の授業で地域の方と協働して取り組んできた成果を地域の方を招いて開催しました。307名の来場者も一生懸命おもてなしでした。
		オリジナル商品販売、ボルダリング・トレイルラン体験、野外調理ピザ体験等、地域の課題解決につながるような楽しみながら地域を盛り上げるイベントを開催できました。
12月20日（水）	合唱祭	3年生はどのクラスも本当にレベルが高かった！悔しい思いをしたクラスもあったが、C組「365日の紙飛行機」が最優秀賞！おめでとう！後輩にも確実に想いが引き継がれた。
		あんなに声が小さくてとまらなかったクラスが3年間で見違えるくらい変わりました！3年生の歌声が先生方の気持ちも動かしました。一生懸命取り組んだことは一生の財産になる！
12月21日（木）	3学年英語コンテスト	全学年の前でスキット＆スピーチを英語で堂々と発表しました！1年次には自信がなかった生徒が、感情を込めて、見違えるような堂々とした演技をしていたことに感動。
1月23日（火）	探究成果発表会	3学年は五高フェスに向けて取り組んできた8つのプロジェクト代表グループが発表。準備から実際の取り組み、探究の分析までさすが3年生！と会場を唸らせる発表ばかりでした。
2月8日（木）	三送会	3学年担任団からは教員バンド「負けないで」の歌と共に手作りTシャツで教員リレーをつなぎ、3年生を祝福しました。大変盛り上がり、先生方の想いが少しでも届いたかな？？
2月9日（金）	ディズニーシー卒業遠足	初めてのディズニーシーでしたが、一生忘れない思い出になりました（なぜかは言えません）。身だしなみ、時間を守ること等、説教する場面もありましたが、細かいことには目を瞑りました。
3月2日（土）	卒業式	担任としてはここまで。不安な気持ちで迎える卒業式は初めてです。終わりを美しくできるように。最後は、「感謝」の気持ちで笑って終わりたい…良い卒業式となりますように！

私たちが伴走できるのは今日が最後。まだ不安もある。しかし、これまで五日市高校で身に付けてきた「自信」を胸に、「感謝」の気持ちを常に忘れずに、自分を信じて歩んでいってください！ここがあなたのスタートライン！

▶ 修了式・卒業式

69 卒業式に間に合わなかった生徒には？

・成績が振るわなかったりして，卒業式に間に合わなかった生徒がいる場合はどうするのでしょうか？

・卒業判定会議に間に合うように指導をするのが原則です。ただ，個々の状況でどうしても無理な場合は，管理職とも相談して個別対応することも考えられます。

卒業判定会議

　最後の考査が終わった後，卒業判定会議が行われ，生徒の卒業が決まります。しかしながら，欠時がオーバーしてしまい補習が必要な生徒，不登校になってしまった生徒，特別指導に入っている生徒等で卒業式に出られない場合があります。本人の意向を確認し，「卒業したい」という想いがあれば，最後まで寄り添い，学年でも協議して，管理職に意向を伝えます。

1人卒業式

　窃盗を繰り返し，3年の11月に特別指導になってしまった生徒，家庭環境の悪化により，鬱症状を発症して学校に来られなくなってしまい，欠時が溜まってしまった生徒等がいます。その生徒たちの補習を卒業式後まで続けました。体調の関係で来られない日が続き，やっと登校した日。もうこの日に終わらせないと間に合わないということで夜20時過ぎまで取り組ませ，何とか最後まで課題が終了しました。単位修得の見込みが教科から出たので，改めて卒業判定会議を行ってもらいました。

　卒業を認めて頂き，1人ずつ，彼らのために卒業式を執り行いました。校

長式辞も本人に向けた言葉で行って頂きました。

　１人卒業式は，「卒業生答辞」を当該生徒が行いました。事前に準備をさせることはしなかったので，本人が先生や保護者への想いを涙ながらに率直に伝える場面になりました。

　その後，学年主任・担任もその生徒に対する想いを直接伝えました。保護者も卒業を諦めていたとのことですが，「先生がぶれないでいてくれて，卒業に向けて応援してくれたのが有難かった」と涙ながらに伝えてくれました。進路多様校における「卒業」の意義とは何かを考えさせられた瞬間でした。「厳しい姿勢を持ちながらも生徒を見放さない，諦めさせない，最後までやりきることの大切さを伝える」ことが進路多様校の担任として大切なことだったと今振り返って感じています。

生徒の幸せを願い，最後は自分で「決める」生徒を育てる

　進路多様校では，現在は転退学をなるべくさせない方向で管理職から話をされることがあります。しかしながら，「その生徒にとってのベストな選択肢は何か」は一番近くで接している担任がわかっているはずです。管理職から言われたからではなく，学年・担任の想いをしっかりと伝えましょう。本人も進級・卒業を望んでいて，この学校で変わりたいという強い意思を示しているのであれば，頑張らせることも必要ですが，本人にとって通っている学校が苦しい場となっているのであれば，安心して成長できる場を探すことも担任にとっては大事なことです。様々な選択肢や担任としての想いを伝えつつ，最後に決めるのは生徒です。自分の人生は自分で選択する経験を高校時代にさせましょう。自分で進路を決められず，最後まで手厚く指導し，担任が方向性を定めた生徒がいます。その生徒の中には，進学先・就職先でうまくいかず，単位取得が不可，退学寸前の状況であったり，就職先を辞めてしまったケースもあります。担任や学校の手厚い指導がなくても，卒業までに自立していける生徒に育てていくことが私たちの責務です。だからこそ，時には「見放しつつ，見守る」という姿勢も大事なのです。

179

▶ 付録　学級通信文例集

生徒の良いところを紹介しよう

学級通信は担任の想いを伝える場

　学級通信は週1回，水曜日のHR時に配布できるように準備してきました。担任が日々，生徒に関わっていて感じた素直な想いを生徒に伝える手段にしていました。生徒の行動・言動等をなるべくリアルに伝えるようにエピソードを書き，それに対する担任の想いを口頭でも伝えるようにしています。

生徒の良い作文を紹介する

　生徒に行事等の振り返りで書いてもらった作文で担任がグッときたものを抜粋して紹介しています。どの点が心に刺さったのかについてもコメントしておきます。

生徒の活躍している場面の写真を入れる

　文字が多すぎると生徒は読んでくれません。そこで，生徒が活躍している場面の写真を入れます。行事の準備の様子や行事本番等の様子を掲載します。

提出物・考査等の連絡事項を掲載する

　提出物の期限や考査前は時間割や考査心得等，生徒に共有しておいた方がよい情報を掲載しておきます。

今後の予定を記載する

　生徒が見通しを持って様々な準備ができるように，カレンダー形式で示し，行事の本番や考査まであとどのくらいかを可視化しておきます。

付録　学級通信文例集

実例1　新年度当初・クラス目標

◆**新しいメンバーでスタート！（2年「LINK」 第1号）**

　進級おめでとう。担任の中村俊佑（なかむらしゅんすけ）です。

　さて，2年となってクラス替えがあり，元クラスのメンバーは8人ずつくらいとなっています。

　仲の良い子と別れてしまった…（涙）

　担任が変わってしまった…残念！！

　あまり気が合いそうな子がいない…

　皆のなかで様々な感情が湧いていると思いますが，どんな環境にいても，全て「自分次第」です。ある意味で，新年度は新しい自分になるチャンスだと思っています。

　新しい仲間と，新しいドラマを作っていくことはワクワクしませんか？

　新しい自分になってみませんか？　「なりたい自分」に近づけるように，互いに高めあえるクラスにしていきましょう。

　僕は皆の「こうしたい，こうなりたい」という想いをつないだり，つなげたりするお手伝いをします。その想いを学級通信のタイトルLINK（リンク）に込めました。

　でも，実際にそれを「つなぐ」のは皆さんです。自分の成長のために貪欲（どんよく）に，日々の学校生活を大切にできる人になってください。

　一緒に頑張っていきましょう！どんなクラスになるか，とても楽しみです。

◆**クラス目標決定！（2年「LINK」 第4号）**

　今回は，校訓である「愛情」「良識」「勤勉」というキーワードを元に，この校訓を実現するためにはどんな具体的な行動ができるかをクラス目標として考えてもらいました。たくさんの良いアイディアが集まり，1つにまとめました。

　・愛情：仲良くお互いを思い合おう

　・良識：周りを見て行動する

　・勤勉：興味があることから始め，"後悔"しないように努力をする

　どれも大切なことで，普段の生活で皆に意識してほしいことばかりです。全員がこれを実現できれば，素敵なクラスになると思います！

181

付録　学級通信文例集

実例2　年度終わり・1年間の振り返り

　　最後に，担任から，これからの君たちが大切にしてほしいことを伝えます。
・一度しかない高校生活。自分を高められる仲間を作ろう！
・どんな環境にいても，全て自分次第。文句を言う前に自分が変われる人になろう！
・高校生は一番，「伸びしろ」がある時期。少しだけ背伸びして，自分を高められる
　チャレンジをしよう！⇒高校2年生は様々なチャレンジができる最後の1年です。
・高校2年生は，自分の進路を決める1年にしましょう。
・応援される人になろう！⇒頑張っている姿は人に感動を与えるのです！
◆1年間を振り返って！ 成績表は保護者に見せ，4/6（水）に提出！
　　1年間が終わりました。全員の進級を目指してきましたが，在籍数に変更はあっ
たものの，希望している全員の進級を実現することができました。入学時ではあま
り成績の高いクラスではありませんでしたが，皆の努力で力を着実に伸ばすことが
できています。「このくらいで良いや」ではなく，「悔しい！次はもっと上を目指そ
う！」と思える気持ちになれるかどうかが成長できるか否かを決めます。1年生の
結果は消すことができません。進路先に持っていく成績は1～3年の全ての平均で
す。あと，どのくらい伸ばしていくかという目標を春休み中に決めてください。

　～1Bの3学期結果のまとめ～　※（　）は2学期の結果
☆成績優良者（平均評定4.5以上）：4名（↑3名）
　　〇〇くん・〇〇さん・〇〇さん・〇〇さん…素晴らしい！　1名増加しました。〇〇
さんは学年1位（4.9）です。〇〇さんも学年2位に！　よく頑張りました！！
☆欠点のついた者（評定に1のついてしまった者）：4名（↓6名）
　　12名⇒6名⇒4名と着実に人数が減りました。しかし，2科目で1がついている人が3
名おり，来年が心配です。次年度は単位数が多い科目が多くなるので要注意です！
☆皆勤者（遅刻・欠席・早退ゼロ）：6名（→6名）※出席停止は除く
　　〇〇君・〇〇君・〇〇君・〇〇さん・〇〇さん・〇〇さん
　　2～3年で挽回してさらにこの人数が増えることを祈っています!!
☆1B平均評定：3.5（↑3.3）
　　3.1⇒3.3⇒3.5と着実にクラス全体が力をつけた結果となりました。進路活動に必要な
評定平均の基準3.5，何とかクリアです！

> 付録　学級通信文例集

実例3　行事前の準備・クラスの様子と課題

◆皆でステージに出ることに感謝！　君たちが納得のいく最高のハーモニーを！
（「LINK」第25号）

　いよいよ，明日が合唱祭です。合唱祭委員，各パートリーダーを中心に毎日，頑張って練習していますね。最初はなかなか指示を出さないとできなかった練習ですが，声をかけ合って，先生が声をかけなくても練習ができているのは，素晴らしいです。

　合唱祭委員やパートリーダーが，「練習中はスマホを使うのはやめてください」「集中して，取り組んでください」などと，先生が注意しなくても，自分たちで声をかけることができるようになっています。クラスの皆もそれに応じて協力して取り組もうという姿勢があって，良いですね。

　昨日の進先生のレッスンでは，「最優秀賞取りたい！！」という高いモチベーションで自ら質問をする人もいました！　常に自分の自己ベストを更新する，高みを目指して手抜きしないという姿勢はとても大事です。

　さて，明日の合唱祭。クラス皆でステージに出ましょう！　クラス皆で，学校全体で，合唱ができるのは3年ぶりです。君たちも中学校時代の合唱祭が中止になってしまったという話を聞きました。

　僕も，3年前，3年の担任で直前まで一生懸命練習していた合唱が，コロナ禍により突然の中止となってしまい，やりきれない思いでした。

　ステージに皆で歌えることは当たり前のことではないことを痛感した数年間でした。だからこそ，明日は，一緒に歌える仲間，環境にいることに「感謝」をして，ステージいっぱいに君たちの歌声を響かせて欲しい，これが担任の願いです。本番でこれまでの最高の合唱をしてください！

　「一生懸命がカッコいい2B」にしかできない歌声とハーモニーを!!

付録　学級通信文例集

実例4　行事後（合唱祭）の振り返り

◆感動した合唱祭！　価値ある成功体験に！（「LINK」第26号）

　合唱祭が先週末に行われました。
　「本番がこれまでの最高の演奏となるように」と伝えてきましたが，その言葉の通り，これまでで最高の演奏となったと思います。金賞，そして学校全体での「準グランプリ」受賞！　おめでとう!!

　1つの目標に向かって，クラス一丸となって一生懸命頑張る姿は素敵でした。「一生懸命がカッコいい2B」を体現してくれました。先生方からも「素晴らしい演奏だった。グランプリだと思った！来年が楽しみ！」といった声も聞きました。皆の頑張りが，多くの皆さんに伝わることになり，嬉しい気持ちになりました。

　行事の度に，「価値ある」成功・失敗をしようと伝えています。「価値ある」とは，「一生懸命取り組む」ということです。一生懸命やらずに，失敗するのは情けないこと。しかし，一生懸命やっても失敗してしまった。これは，次に活きる価値のある失敗になるから，「価値ある」ものになる。今回は，皆，文化祭の反省を活かして，早めに練習を初め，放課後や朝に多くの人が練習に協力して取り組んでいました。自分たちがより良い演奏ができるように繰り返し努力をして日々，成長していきました。
　その結果，「価値ある成功」となりました。頑張った一人一人が，頑張った自分を褒め，ともに頑張った仲間を称えてあげて欲しいです。

　大きな行事は2学年としてはこれが最後になりますが，3学期は，頑張った仲間と共に，互いを高め合い，共に進級・進路実現に向けた大きな一歩を踏み出せるように頑張っていきましょう！

付録　学級通信文例集

実例5　卒業式前後

◆お世話になった人への心からの「ありがとう」を!!（「LINK」Vol.2 No.35）

　今日であと3日の登校日となりました。まだまだ忙しく，実感が湧かないのですが，2週間後には君たちが教室にいなくなることが信じられません。残りの日々で，君たちにできることは何か？　何を遺（のこ）して，五日市高校を巣立てるか？「言われたこと」をそのままこなすのではなく，「想像力」を持って，「何ができるのか？」を考えて日々を過ごして欲しいです。そして，お世話になった人に心から「ありがとう」を伝えられていますか？　最後のお楽しみとか，新生活の準備とかいろいろあるだろうけれど，何が一番大切なんだろうか…？？

　自分自身に問いかけて欲しい…！

◆最後は「良い報告」で終わりたい…

　このクラスの生徒に関わる良いことがありました。4つ紹介します。

①2/3の土曜日「あきる野音楽祭」に吹奏楽部の有志として，○○さんと○○君が参加してきららホールで演奏しました。僕は出張で行けませんでしたが，校長先生から動画を見せて頂きました。きちんとした身だしなみで，一生懸命頑張っている様子が伝わってきました。最後まで，一生懸命，自分を高めるため，仲間のため，学校のために頑張れるのは素晴らしいことです。拍手！

②2/5の月曜日に○○君（とC組○○君）が道に迷っている方の案内を親切にしてくれたとのことで，その方が電話で助かったとのお礼の言葉を伝えてくれたそうです。これまでは，残念な報告で学校に電話を頂くことが多かったのですが，こうした形で五日市高校生が周りに貢献できる力をつけられて，嬉しく思いました。○○君の優しさに拍手！

③2/6の火曜日，大雪が降り，学校にもたくさんの雪が積もっていました。○○君が，後輩が滑って転ばないように，雪かきをしてくれていました。雪かきの結果，雪だるまとかかまくらができていました。

④○○さんが，数学検定合格を目指して勉強に来て，2/17（土）に検定を受けていました。最後まで自分の力を高める努力を惜しまない姿に感動しました。

付録　学級通信文例集

実例6　生徒の作文紹介

◆悔しかった合唱祭！　でも，皆の頑張りは満点でした！（「LINK」Vol.2 No.30）

　　最後の合唱祭が終わりました。「銅賞」，おめでとう！　　担任としては皆の演奏を聞いて一番丁寧に，心を揃えて歌っていて金賞間違いなし！と思っていたのですが，思わぬ結果…表彰後のHRで皆の顔を見たら暗い表情でどう思っているのかが気になっていました。先日皆に書いてもらった合唱祭の感想の一部を共有したいと思います。

○どこのクラスよりも，練習を頑張ったと思ってたので，負けたのがすごく悔しかったけど，いつもの練習より，本番が1番上手くいったと思ってます。いつも以上に，みんな声が出ていました。アルトの声が聞こえました。

○合唱祭などの行事が凄くめんどくさくて，凄くつまらなく感じてしまう。でも，みんなも一生懸命頑張っているのをみて，自分も頑張ろうと思いました。クラスの人が他のクラスの合唱を褒めているのが凄くいいクラスだなと思いました。

○（…）でも他のクラスを聞くと凄く声が出ていて負けるかなとは思っていたけれど，どこのクラスよりも仲の良さの団結力はあると思っています。

○（…）本番当日に近づくにつれて，歌詞も覚えており，楽譜を持たないで練習することが増え，目線も自然と指揮者に行くようになった。皆の視線が，指揮者に集中することで，1つのおおきなハーモニーが出来上がった。そして，本番当日，緊張しているなかでステージにでて，3月9日を合唱した。金賞を受賞することはできなくて，悔しい思いもあるが，クラスみんなが全力で歌唱できてよかった。

○銅賞で悔しかったけど，B組はどこのクラスよりも団結力があると思う。3年の合唱を見ていて声が出ていて凄かった。個人的には最後の合唱祭で力を十分に出せたから思い出に残るものだった。

　　皆の感想を読んで，①皆が「金賞」という目標に向かって，全力で取り組めたこと②悔しい思いはあるが，他のクラスに負けない団結力という3Bに対する誇りを持っている人が多いことがわかりました。最初はやる気はなかったが，一生懸命頑張っている仲間の姿を見て，自分も頑張ろうと思えたというコメントがありました。3B全員が一人として手を抜くことなく，練習や本番に真剣に取り組めたこと，そして，高めあう仲間が近くにいる環境であることが何よりも素晴らしいことだと感じています。最後に，もう1名のコメントを紹介します。

○3年B組は，とても団結力が高いクラスだと思うので，とても楽しかったし，このクラスで合唱祭をできてとても嬉しいし，楽しかったです。合唱祭委員も一人で頑張っていて，他にも周りの人が手伝いをしていて，すごくいいなと思いました。僕は少し悔いが残っている部分があるので，残りの学校生活，残り少ない中だけど，悔いのないように過ごそうと思いました。

あとがき

　担任を持つことに憧れ，ワクワクしながら，大好きなクラスの生徒と一心不乱に向き合った初任校での担任経験…毎日生徒の悩み相談に付き合い，生徒からも信頼されていると勘違いをしている自分がいました。しばらく経つとクラスでは様々な問題が勃発し，生徒は私を頼ってきます。しかし，問題はなかなか解決しませんでした。そのうち，頻発する問題に生徒は「担任が頼りないから，このクラスは問題が多いのだ」という論を持ち出し，校長室に担任を変えるよう直談判するという事態に発展していきます。さすがに，気丈に振舞っていた私も落ち込みました。様々な先生方に支えられ，何とか3年間担任をやり遂げ，卒業式の日。生徒から以下の色紙をもらいました。そこには，当時の学級通信のタイトルである「Memory」が今度は生徒から私宛に渡されたのです。未熟な担任でしたが，少しでも生徒の心に種を蒔くことができたのかと思うと，嬉しかった経験です。

　生徒は未来への希望の光です。どんな背景がある生徒も自分の力を信じ，失敗を恐れず努力を積み重ねることができれば，必ず未来は切り拓かれていくものです。これまで私は，「教師が変われば，生徒は変わる」を信じて指導を行ってきました。進路多様校では，「どうせ，うちの生徒にはできない，無理」と指導放棄をしてしまう先生が少なからずいます。しかし，「どんな生徒にも良くなりたいという気持ちがあり，成長できる」という「想い」を持って生徒指導にあたることが生徒の成長につながるのです。私は「この学校だからできない」と教師が限界を作るのではなく，すぐ限界を作ってしまう生徒に「この学校・生徒でもできる」という気持ちを持って良質な教育実践を行っていくことを大切にしてきました。「自分で限界を作らない，諦め

ない，最後までやり切る」ことを3年間生徒に伝えていくと，生徒にもその精神は浸透していくものです。こんなエピソードがあります。3年生の最後の探究発表会の前日の夜19時過ぎ。見廻りをしていると，ある教室から光が漏れていて，思わず開けたところ，数名の生徒がこっそり残り，発表準備を繰り返していました。「納得がいくまでやりたい」「ここで手を抜きたくない。今までで最高の発表をしたい」という声があり，感動しました。大変なことが多くありましたが，私が今まで頑張って来られたのは，時々見せてくれる生徒の希望の光に勇気をもらったからです。

　教員も叩かれる時代で生徒に色々なことを言いにくい現場となってきています。しかし，私は生徒とぶつかり合うことで初めて生徒との関係性ができるのではと感じています。生徒に本気で想いを伝える。そうすると，生徒も思いっきりぶつかってきてくれる。進路多様校の生徒は特に感情で繋がることができます。これを毎日繰り返すのは辛いですが，そこを避けて生徒指導はできません。初任校である保護者から「先生，厳しさも優しさだよ」と言われました。その言葉が心に刻まれています。当時は生徒に嫌われたくないという思いで生徒の顔色ばかり窺っていた気がします。今は，嫌われてもよいから言うべきことは言うという気持ちで生徒に接しています。最近，初任校の生徒が「あの時は言い過ぎてごめんね。社会人になった今だから先生の気持ちがわかる」と伝えてくれました。私が小学校の時の先生の影響を今でも受けているように，教育とは即時的なものではなく，長い時間をかけて心の扉を開いていく試みなのです。その時に伝わらなくても，将来「わかる」という時が訪れるかもしれません。だからこそ，それを信じて伝え続けることが大切なのです。私にとっての進路多様校での担任経験は人生をかけての実践となりました。紙面では書ききれない程，私の教師力を支えてくださった全ての方，成長させてくれた私の生徒に心から感謝の意を表します。

　2024年12月

中村　俊佑

参考文献

- 朝比奈なを（2019）『ルポ教育困難校』朝日新書
- 磯村元信（2024）『「困った生徒」の物語』新評論
- 上山晋平（2015）『高校教師のための学級経営365日のパーフェクトガイド―できる教師になる！3年間の超仕事術―』明治図書出版
- 内野良昭（2023）「令和4年度1学期（47期）英語探究について」『東京都立八王子東高等学校紀要』第45号，44-50
- 加藤諦三（2009）『非社会性の心理学―なぜ日本人は壊れたのか』角川書店
- 金谷憲・谷口幸夫編（1995）『英語授業のアイディア集 英語教師の四十八手　教科書の活用』研究者出版
- 株式会社進路企画（2024）『高校生のための進路面接ノート』進路企画
- 岸見一郎・古賀史健（2013）『嫌われる勇気―自己啓発の源流「アドラー」の教え』ダイヤモンド社
- 岸見一郎・古賀史健（2016）『幸せになる勇気―自己啓発の源流「アドラー」の教えⅡ』ダイヤモンド社
- 厚生労働省（2023）「新規学卒就職者の離職状況（令和2年3月卒業者）を公表します」https://www.mhlw.go.jp/stf/houdou/0000177553_00006.html（2024年8月15日閲覧）
- 国立教育政策研究所 教育課程研究センター（2021）『「指導と評価の一体化」のための学習評価に関する参考資料・高等学校　外国語』東洋館出版社
- 佐藤真久監修（2019）『未来の授業 SDGs 探究 BOOK』宣伝会議
- 佐藤真久・広石拓司（2020）『SDGs 人材からソーシャル・プロジェクトの担い手へ』みくに出版
- 鈴木恵子（2024）『心を育てる』東洋館出版社
- スポーツ庁（2018）「運動部活動の在り方に関する総合的なガイドライン」
- 田尻悟郎監修／横溝紳一郎編著（2010）『生徒の心に火をつける 英語教師 田尻悟郎の挑戦』教育出版
- 田中茂範・深谷昌弘（1998）『〈意味づけ論〉の展開―情況編成・コトバ・会話』紀伊國屋書店
- 田中茂範編集主幹（2005）『幼児から成人まで一貫した英語教育のための枠組み―ECF―』リーベル出版
- 田中茂範（2021）『まとまった内容を話す！英語表現ナビゲーター』コスモピア
- 田中茂範・阿部一（2021）『確かな英語の力を育てる 英語教育のエッセンシャルズ』くろしお出版
- 田中茂範監修・著（2023）『生徒一人ひとりの SDGs 社会論』コスモピア
- 田村学・佐藤真久編著（2022）『探究モードへの挑戦』人言洞
- 東京都産業労働局雇用就業部能力開発課（2024）「東京都立職業能力開発センター入校案内2024」https://www.hataraku.metro.tokyo.lg.jp/kyushokusha-kunren/school/2024nyuukouannai_dai3hann.pdf（2024年8月15日閲覧）
- 東京都立五日市高等学校（2024）「英語のスピーチ＆スキットコンテストはセリフの発音もナチュラルに」『CHIeru Magazine』高校・大学版2024春夏号，pp.8-9
- 長崎勤・古澤頼雄・藤田継道編著（2002）『臨床発達心理学概論―発達支援の理論と実際』ミネルヴァ書房
- 中村俊也（2021）『もし高校生にこれからの生き方を聞かれたら　今までの常識をひっくり返す AI 時代の進路選択』Book Trip
- 仲村正彦（2009）「第15回環境保全型森林ボランティアを終えて」『2009年度後期　第15回環境保全型森林ボランティア活動実施報告書』第8号，101-104
- 野田俊作・萩昌子（1989）『クラスはよみがえる』創元社
- 原孝（2007）『人間関係が一瞬で変わる「自己表現」100』PHP 研究所
- 藤原和政・河村茂雄（2016）「高校生における部活動と学校適応，スクール・モラルとの関連」*Japanese*

Journal of Counseling Science, 49, pp.22-30
- 松本繁美（2019）「基本のビジネスマナー 正しい「お辞儀の仕方」とは」（マイナビウーマン）
  https://woman.mynavi.jp/article/170828-7／2／（2024年8月15日閲覧）
- 宮口幸治（2019）『ケーキの切れない非行少年たち』新潮新書
- 宮田純也編著（2023）『SCHOOL SHIFT』明治図書出版
- 森本俊・佐藤芳明編著（2017）『多文化共生時代の英語教育』いいずな書店
- 文部科学省（2010）『高等学校学習指導要領解説 外国語編・英語編』
- 文部科学省（2022）「生徒指導提要（改訂版）」
- 文部科学省（2023）「中学校・高等学校キャリア教育の手引き―中学校・高等学校学習指導要領（平成29年・30年告示）準拠―」
- 文部科学省（2023）「学校における指導・運営体制の充実について」（令和5年4月17日規制改革推進会議 人への投資WG資料）
  https://www8.cao.go.jp/kisei-kaikaku/kisei/meeting/wg/2210_02human/230417/human12_01.pdf（2024年8月25日閲覧）
- 八柏龍紀（2006）『「感動」禁止！「涙」を消費する人びと』ベスト新書
- 山崎茜・田崎慎治（2017）「愛着に課題のある子どもを育て直す「チーム学校」の可能性―子どもの愛着に関する研究の動向と課題から」*Journal of Learning Science*, pp.49-55.
- 早稲田大学平山郁夫記念ボランティアセンター（2022）『学生の心に火を灯す』成文堂
- ハンナ・アレント著／志水速雄訳（1994）『人間の条件』ちくま学芸文庫
- アンジェラ・ダックワース著／神崎朗子訳『やり抜く力 GRIT』ダイヤモンド社
- アレックス・ロビラ，フェルナンド・トリアス・デ・ベス著／田内志文訳（2004）『グッドラック』ポプラ社
- 「専門学校のことが知りたい」（文部科学省ホームページ「専修学校＃知る専」）
  https://shirusen.mext.go.jp/senmon/（2024年8月15日閲覧）
- 「短期大学について」（文部科学省ホームページ）
  https://www.mext.go.jp/a_menu/koutou/tandai/index.htm（2024年8月15日閲覧）
- 「特別支援教育について 資料3 特別支援教育コーディネーター養成研修について ～その役割，資質・技能，及び養成研修の内容例～」（文部科学省ホームページ）
  https://www.mext.go.jp/a_menu/shotou/tokubetu/material/1298211.htm（2024年8月25日閲覧）
- 「大学の学部・学科63を一挙解説！後悔しない大学選びに役立つ！学部学科選びのヒントも」（スタディサプリ進路）
  https://shingakunet.com/journal/column/20210415000002/（2024年8月15日閲覧）
- 「特別支援教室巡回相談心理士について」（一般社団法人東京特別支援教育心理研究センターホームページ）https://tokyo-seprec.jp/about-sep/（2024年8月25日閲覧）
- 「認定特定非営利活動法人育て上げネット―日本一引きこもりに寄り添ってきた男が語る，若者との信頼関係の築き方」BigLife21
  https://www.biglife21.com/society/16351/（2024年10月12日閲覧）
- Carol S. Dweck. (2006). Mindset：The New Psychology of Success. New York：Random House.
- John Dewey. (1899/1907). The School and Society. *The University of Chicago Press*, p.86.
- Kolb, David A. (1983) Experiential Learning: Experience as the Source of Learning and Development, FT Press.
- The Common European Framework of Reference for Languages: Learning, Teaching, Assessment, 2001［the Council of Europe］CPU

【著者紹介】

中村　俊佑（なかむら　しゅんすけ）

東京都立五日市高等学校主幹教諭。早稲田大学人間科学部卒，慶應義塾大学大学院政策・メディア研究科修士課程修了。主な著書・論文に，『イメージでわかる表現英単語』(Gakken)，『英語イメージ大図鑑』，『コアで攻略する英単語の教科書』（いずれも共著・Gakken），『多文化共生時代の英語教育』『MEWシリーズ』（全6冊）（いずれも共著・いいずな書店），文部科学省検定教科書『New Rays English Communication Ⅰ～Ⅲ』および指導書の著作者，『PRO-VISION English Communication指導書』（共著・桐原書店），『ニュース英語で4技能を鍛える』（三修社・執筆協力），「第二言語習得における句動詞」(KEIO SFC JOURNAL Vol.13 No.1)，『お笑い芸人と学ぶ13歳からのSDGs』（くもん出版・執筆協力），Teaching verb + ing form, infinitive, or base form（共著・TESOL Encyclopedia of English Language Teaching）など著書多数。現場では，英語教育，進路指導に力を入れており，さらに探究学習や部活動では数々の表彰歴，全国大会入賞等の実績を残している。JICAとも連携を深くしており，教師海外派遣事業や開発教育指導者として開発教育を現場に普及するための教材作成・指導案作成や研究授業等も行っている。全国国際教育研究協議会の全国事務局長や日本メディア英語学会の理事も務め，全国の国際理解教育や高大連携の推進にも力を入れている。

高等学校
進路多様校の学級経営＆生徒指導はじめてガイド

2025年2月初版第1刷刊	©著　者	中　村　俊　佑
	発行者	藤　原　光　政
	発行所	明治図書出版株式会社

http://www.meijitosho.co.jp
（企画）大江文武　（校正）奥野仁美
〒114-0023　東京都北区滝野川7-46-1
振替00160-5-151318　電話03(5907)6701
ご注文窓口　電話03(5907)6668

＊検印省略　　　組版所　株式会社木元省美堂

本書の無断コピーは，著作権・出版権にふれます。ご注意ください。

Printed in Japan　　　ISBN978-4-18-212535-5

もれなくクーポンがもらえる！読者アンケートはこちらから

読むだけで授業が面白くなる
英語教師のための
「前置詞」の教養＆指導法

田中 茂範 著

英語指導において、教師にとって最重要、生徒にとっては最難関とも言える「前置詞」。英文法学習を長年牽引してきた言語学者が、多種多様な用例をもとに、ひとつひとつの前置詞がもつ意味の世界とその指導法を、イメージ図とともに徹底的に、やさしく分かりやすく解説。

四六判 / 256 ページ / 2,596円 (10％税込) / 図書番号 2470

明治図書　携帯・スマートフォンからは　明治図書ONLINEへ　書籍の検索、注文ができます。▶▶▶

http://www.meijitosho.co.jp　＊併記4桁の図書番号（英数字）で、HP、携帯での検索・注文が簡単に行えます。

〒114-0023　東京都北区滝野川7-46-1　ご注文窓口　TEL 03-5907-6668　FAX 050-3383-4991